The Co-operative

협동조합 혁명

The Co-operative Group 지음
박상하 옮김

Σ 시그마프레스

협동조합 혁명

발행일 | 2016년 1월 5일 1쇄 발행

저자 | The Co-operative Group
일러스트레이터 | Polyp
역자 | 박상하
발행인 | 강학경
발행처 | ㈜ 시그마프레스
디자인 | 오선형
편집 | 이호선

등록번호 | 제10-2642호
주소 | 서울특별시 영등포구 양평로 22길 21 선유도코오롱디지털타워 A401~403호
전자우편 | sigma@spress.co.kr
홈페이지 | http://www.sigmapress.co.kr
전화 | (02)323-4845, (02)2062-5184~8
팩스 | (02)323-4197

ISBN | 978-89-6866-640-7

The Co-operative Revolution

* 책값은 뒤표지에 있습니다.
* 이 도서의 국립중앙도서관 출판예정도서목록(CIP)은 서지정보유통지원시스템 홈페이지
(http://seoji.nl.go.kr)와 국가자료공동목록시스템(http://www.nl.go.kr/kolisnet)에서 이용
하실 수 있습니다.(CIP제어번호 : CIP2015034717)

역 자 서 문

인류 역사를 발전시킨 것 중 하나는 경제적 욕구이다. 인간은 오랜 기간 경제적 욕구를 충족시키기 위한 수단으로 협동조합을 꾸준하게 발전시켜 왔다. 그러나 협동조합은 그 명칭에 비해 실질적인 내용은 잘 알려지지 않은 경우가 많다. 산업혁명 이후에 자본주의가 형성되어 제도화된 정책적 패러다임이 체계적으로 전개되었다고 하더라도 항상 빈부 격차와 사회 갈등은 우리들의 삶을 괴롭혀 왔다. 오늘날 협동조합에 대한 희망은 자본주의의 문제점을 치유하는 대안으로 받아들이자는 것이 아니다. 적어도 인간의 삶에서 공동체성을 회복하면서 보다 풍요로운 경제 활동과 상호작용을 통해 결합하는 방법으로서 역할과 기능을 할 수 있도록 만들어 보자는 것이다. 우리나라의 경우 2012년 협동조합기본법이 제정된 후 괄목할 만한 양적 성장이 이루어졌다. 하지만 절반 정도는 휴업 상태이고 나머지 절반도 자립성이 부족하며 협동조합의 가치와 철학을 담보하지 못한 경우가 많다. 이 책을 번역하게 된 동기도 여기에 있다. 다시 초심으로 돌아가 최초의 로치데일 협동조합 선구자들의 고민과 생각들을 만나 보고자 한다.

현대사회는 글로벌 대기업 중심의 치열한 경쟁으로 중소기업과 소상공인의 기반이 위태로운 지경에 이르렀다. 소수의 상위계층에 부의 편중이 심화되어 대다수의 서민들은 실업과 저임금의 굴레를 벗어나기 위해 새로운 형태의 돌파구를 모색하고 있다. 협동조합은 이들에게 새로운 희망이 될 것이다.

이 책은 복잡한 이론이나 형식보다는 시각적으로도 읽기 편한 그래픽소설 형태를 띠고 있다. 짧은 분량이지만 초창기 협동조합의 배경과 정신에 대한 이해를 돕고 앞으로 협동조합이 나아갈 방향을 제시한다. 또 연대표에서는 간략한 전 세계 협동조합의 역사를 확인할 수 있다.

여러 가지 미흡하고 부족한 점이 많지만 독자들의 조언과 질타를 기대하면서 이 책이 출판되기까지 도움을 주신 모든 분들께 감사드린다.

2015년 12월
역자 박 상 하

HO LIVE AGAIN

HEIR PRESENCE

THE BODY

ELIOT'

N CROSS.

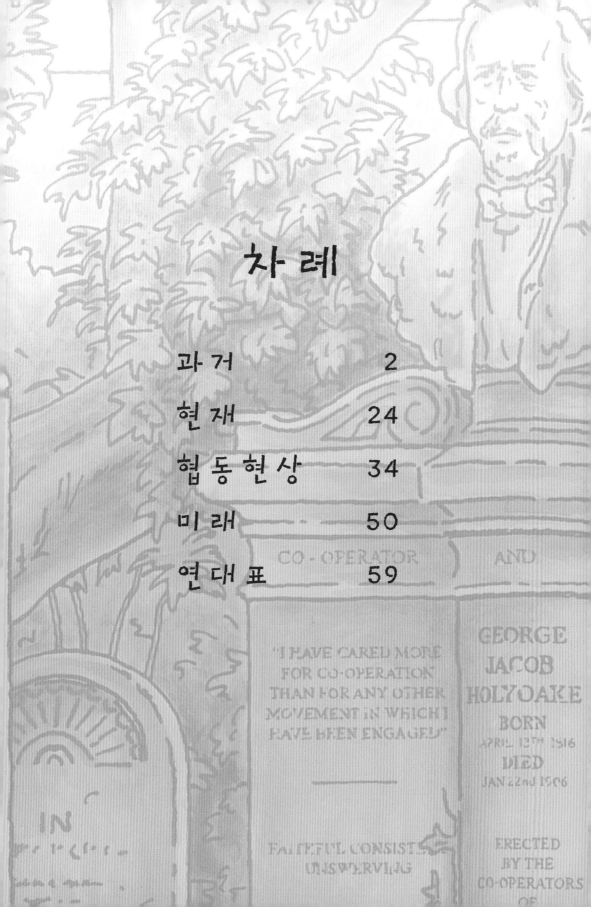

차 례

과 거

일이 잘못되거나 실패했을 때 이해관계가 상충되는 자들이 이에 토를 달면, 총대를 맨 선구적 조합원들은 어쩌지….

마일스…, 윌리엄…, 찰스… 사무엘…, 존…. 이 사람들 말이야….

이들은 성공을 통해 이러한 의심과 비평이 틀렸음을 입증했지.

편리하게 돌아가는 요즘 세상에 눈으로 보는 이들은 많고 내용을 빤히 들여다보고 있어. 물건 파는 곳만 쳐다보고 있지. 배당금이나 물품들이 공정하게 거래되고 있는가를 생각하면서 말이야….

사실 이 모든 근원을 알게 되면 절망하고 화가 치밀어 오를 텐데….

이들은 투표권 없이 그들 나름대로 이 시대의 폭정과 폭압에 맞서 민주화를 이룩했어… 사람들은 이 같은 삶의 비극과 가난에 찌든 비참한 것들만 회상하고 있는데 말이지.

권력자들의 변덕에 시달리는 경제적 사슬과

희망 없이 살아온 그들의 뒤안길….

하지만 이 사람들은 결코 희망을 버리지 않았지.

그동안 적잖은 이들이 선구자들의 업적을 잊고 있었어.

바로 혁명이라는 것을 말이야.

1844년 12월 21일, 로치데일

이전의 많은 혁명들과는 달리, 그 시작을 알리는 어떤 광고도 내보내지 않았으며 그 시절 그 어떤 사람도 일이 잘될 거라 확신하려 들지 않았다. 성공한다는 보장은 오로지 발기인들의 야심찬 결의에 숨겨져 있을 뿐이었다.

이 날은 1년 중 밤이 가장 긴 동짓날 밤이었으며, 모두가 혹한과 절망으로 굶주린 '40년대'의 경제적 재앙에 몸을 웅크리고 있었다….

한때 '올드 레인'으로 부르던 토드 레인 거리 개조된 창고의 눅눅한 1층 바닥에 '공정 선구자 조합'을 결성한 소규모 노동자들이 서성거릴 즈음 자명종 시계는 8시를 울리고 있었다.

그들의 계획은 이미 '위버스 숍'이라는 별칭으로 불렸다. 많은 사람의 호기심 어린 이목이 집중되었고 모두 관망하며 기다렸는데, 성공을 기원하는 사람들이 있는가 하면, 일이 잘못되어 실패하기를 간절히 바라는 이들도 있었다.

그런데 여러분, 우리의 관심사가 정당화되지 않을 것 같아요….

그 사람들, 쌓아 놓은 물건들을 몽땅 손수레로 싣고 왔던데 웃어야 할지, 원….

하지만 다음 주가 되면 그 물건들마저 치워질 테고….

마을의 껄렁한 10대들과 인지도 높은 사회적 평론가, 인근 공장에서 온 어린 직공들은 그런 행위 모두가 과시적 야망이라 생각하며 비아냥거리고 있었다.

한편, 한 무리의 편직공들, 광부들, 양모 선별인들과 신발 공장 직원들은 그들 나름대로 자신들의 상점을 독자적으로 개업함으로써 세상을 변혁할 수 있으리라 기대하고 있었다.

한번 해 보지 뭐!

이런 보잘 것 없는 출발이었지만 정치적인 비전과 이상적인 꿈을 알지 못한 채 어찌 감히 다른 방법을 생각이나 했겠는가….

이 시기는 산업 부흥기였으며 자본가들의 득세가 가히 경멸할 만한 수준이었다. 당초 그들은 자연의 섭리와 이치에 합당하게 기획된 지배자였으며, 그 밖의 사람들은 자본가들을 섬기며 일할 수밖에 없었다.

1819년 피비린내 나는 맨체스터 피털루 학살 사건에서는 15명이 사망하고 600명이 잔인하게 부상을 당했다.

수많은 기병 대원들은 노동자들의 대규모 집회를 해산시키고 당국에 유리한 투표를 요구하는 파렴치한 행위도 불사하였다.

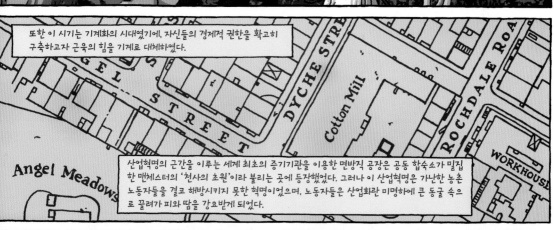

또한 이 시기는 기계화의 시대였기에, 자신들의 경제적 권한을 확고히 구축하고자 근육의 힘을 기계로 대체하였다.

산업혁명의 근간을 이루는 세계 최초의 증기기관을 이용한 면방직 공장은 공동 합숙소가 밀집한 맨체스터의 '천사의 초원'이라 불리는 곳에 등장했었다. 그러나 이 산업혁명은 가난한 농촌 노동자들을 결코 해방시키지 못한 혁명이었으며, 노동자들은 산업화란 미명하에 큰 동굴 속으로 끌려가 피와 땀을 강요받게 되었다.

이들의 임금은 형편없었으며, 노예와 별반 다를 게 없었다.

'천사의 초원'은 급속히 빈곤이 만연하고 불결하기 그지 없는 빈민가로 전락하게 되었다. F. 엥겔스는 이곳을 '지상의 생지옥'이라 불렀다.

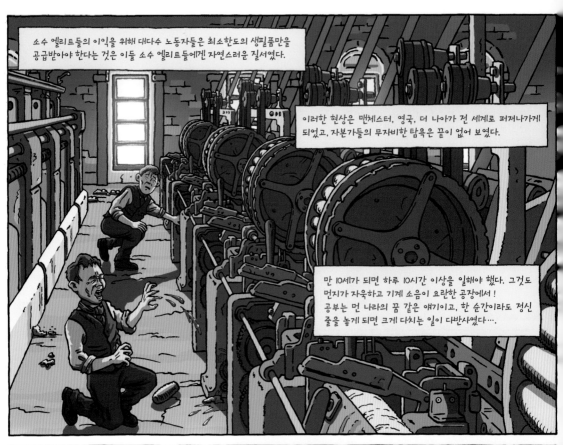

소수 엘리트들의 이익을 위해 대다수 노동자들은 최소한도의 생필품만을 공급받아야 한다는 것은 이들 소수 엘리트들에겐 자연스러운 질서였다.

이러한 현상은 맨체스터, 영국, 더 나아가 전 세계로 퍼져나가게 되었고, 자본가들의 무자비한 탐욕은 끝이 없어 보였다.

만 10세가 되면 하루 10시간 이상을 일해야 했다. 그것도 먼지가 자욱하고 기계 소음이 요란한 공장에서! 공부는 먼 나라의 꿈 같은 얘기이고, 한 순간이라도 정신 줄을 놓게 되면 크게 다치는 일이 다반사였다….

이러한 착취는 노동자들이 일용하는 음식에까지 반복되었다!

피폐한 노동자들은 자본가의 상점에서 식량을 구입하지 않을 수 없는 여건에 처하게 되었다. 밀가루에 분필 가루를 섞고 찻잎에 울타리 나무를 잘라낸 잎들을 섞어 파는 행위는 노동자 계층이 어쩔 수 없이 감당해야 하는 통상적인 일이었다.

매번 받는 주급은 전 주의 외상을 갚는 데 사용되어, 외상 거래와 부채의 악순환이 계속되었다.

로치데일이 희망하는 소박한 출발이 전면적으로 확산된 것의 진정한 의미는 가혹한 환경에 대한 항거였다…. 이들의 행위는 온갖 고통으로부터 벗어나기 위한 계획하에 의도적으로 이루어진 움직임이며 독재적이고 부패한 사회구조를 변혁하는 것이었다.

그러나 이것이 변혁을 위한 유일한 대안이 될 수는 없었다.

'플러그 폭동'이라는 노동자 쟁의의 파업은 실패하고, 인내의 한계를 느낀 노동자들은 폭동과 반란에 합류하게 되었다.

6년 전 로치데일 집회에서 횃불을 든 시위대들은 닥쳐 올 만일의 사태에 대비하여 무장을 촉구하였다. 마을 시장에서 총기류가 판매되고 있었기에 무장 그 자체는 어렵지 않았다.

28명의 선구자들 중 많은 수가 차티스트 운동의 일원이었다. 투표권을 요구하는 300만 명이 넘는 사람들이 의회에 청원서를 제출했으나 읽어 볼 가치조차 없는 것으로 간주되어, 허망하게도 기각 처리되었다. 그 후 로치데일 가게 문에는 '차티스트 그린'이라는 선명한 문구가 칠해졌다.

그러나 이들 초창기 조합원들은 어떤 개혁 노선도 조만간 좋은 결과를 도출해 낸다거나, 처참한 유혈극 없이 끝을 맺을 것이라고는 보지 않았다.

몇 달간의 직원 충원과 막대한 자산을 수집했음에도 불구하고 그들이 나아갈 길에는 수많은 걸림돌과 해결해야 할 문제가 남아 있다는 것을 빠르게 인식하고 있었다.

시내의 모든 도매업자들이 갑자기 사람들에게 물건 파는 것을 혐오하게 된 이유가 저희로서는 매우 이상한 일입니다.

나는 당신과 같은 급진적인 친구들에게 어떤 불만도 없네. 아니, 내가 직설적으로 말하겠네. 내 생각에 자네가 오언주의자라고 해도 충분히 기쁜 마음으로 물건을 팔겠네. 그리고 또 다른 협동조합이 물품을 매입하고 파산하는 것은 나에게 어떤 위협도 안 된다네.

그러나 거기에는 더 강력한 사람이 있네. 즉, 당신 기업에 대해 나나 다른 영향력 있는 사람들은 정말로 불편해할 것이기에 그걸 시작하지 않는다고 한다면 모두가 서로 편안해질 거네.

만일 내가 당신에게 물건을 판매한다고 가정했을 때 나의 사업이 망한다면 영향력 있는 사람들이 나에게 어떤 물품도 공급하지 않는다 해도 당신들의 공정한 사회가 나의 가족들을 먹이고 입힐 수 있다는 것인가?

이보게 애시워스씨, 당신은 사업가니까 시간이 돈이라는 것을 중요하게 생각하겠지. 그럼 이제 그만 나가 주겠는가? 미안하네.

나는 진정한 협동조합헌장의 지지자이며 당신들도 그렇다는 걸 알고 있습니다. 그러나 당신들의 신용과 부채에 관한 것은 단순한 것입니다.

'로치데일 공정 선구자 조합'이란 명칭이 임대차계약증권의 보증은 아니란 것입니다.

그렇다면 던롭씨… 저를 토드레인을 위한 세입자로 해 주실 수 있습니까? 그러면 저는 1분기 임대료를 선불로 지불하겠습니다.

음… 난… 난…

그래요, 하워스 씨.

나는 믿어요, 내가…

그들 자신의 것으로 소유할 수 있는 마지막 관문이 열리게 되었다.

야! 방직공장이 드디어 열리게 되는구나!

밀가루 여섯 자루와 오트밀 하나, 설탕과 버터 약간 그리고 약간의 남아 있는 양초들, 참으로 소박한 재고 자산이었다.
또한 다른 곳은 이미 건물에 가스 공급 서비스가 거절되었지만 상점 자체적으로 전등불을 공동 설치했다.

결국 모든 고객들이 소비한 양에 따라 이익을 재분배할 수 있도록 하고, 정직하게 무게를 달고 계산하여 모든 거래와 구매는 신중하게 기록되었다.

손수레에 있는 물품이 다시 없어질 것을 대비하여 점차 야간에 개장하여 판매하고, 이익이 나면 더 많은 물품을 취득하여 배당금도 분배했고 이런 씨앗들이 뿌리 역할을 했다….

협동이란 것이 열풍 장치와 같이 강약 조절의 무한 관찰이 요구되지만 더 이상 온실 속에 있는 식물이 아님을 입증하였다.

상품들이 진열되고 나니 건강하고 원기 왕성한 겨울 관목 나무가 좋은 토양에서 즐겁고 강렬하게 성장하는 것을 보는 것 같았다.

다음 해 말, 상점 조합원은 80명 그리고 자본금은 거의 200파운드가 되었다.

늑대 같은 위선자들은 친절한 사람들에게 의지하여 메마른 불모의 땅에 이런 씨앗을 뿌리는 것에 대해 안 좋은 소문을 퍼뜨리고 있었다….
그 소문은 상점이 파산한다는 것이었고, 파산을 바라는 사람들이 퍼뜨렸으며 이에 따라 조합원들은 두려움에 돈을 인출하게 되었다.

말보다 행동이 중요한 것처럼 명문화되지 않은 로치데일 원칙은 바로 적용되었다. 그는 그 원칙에 따라야 한다고 들었고 그때 그 시절에는 현금거래를 해야만 했으며 실제로 그렇게 했다.

원칙에 벗어나는 행동을 기대했으나 혼란스러움 속에 그는 떠나갔고 신빙성 없는 소문에 속아서 한 행동이라고 의심할 수 밖에 없었다.

훗날 그는 몇 주 동안 특허출원을 유지하며 다시 양말을 구입하였고 악의적인 소문에 속아 두려워 했었다는 것을 시인했다.

주변의 방해와 장애에도 불구하고 상점들이 늘어나면서 협동조합 소매상인, 정육점, 회계 사무실과 가게의 구두 수선공들은 토드레인 그 자체를 개척자의 거리로 다시 명명하게 되었다. 결국은 건물 맞은편에 모두 인접하게 되었다.

아마도 상점들을 조롱했었을 바로 그 소년들이 이제는 그 상점에서 처음으로 따뜻한 코트와 부츠를 갖게 되었다.

경제적 혼란 속에서 조합은 오히려 더 견고해졌다.

1849년 로치데일 저축은행 파산으로 피해가 막심했다. 파산 관리인은 사람들의 소중한 저축을 횡령했으며 자신의 사리사욕으로 많은 벤처기업들이 병들거나 파산했다.

그러나 그 사건으로 사람들은 공평한 벤처가 돈을 안전하게 보관할 수 있는 공탁임을 알게 되었다.

그해 말까지 상황이 어려운 조합원과 상점 회원은 거의 3배가 되었다.

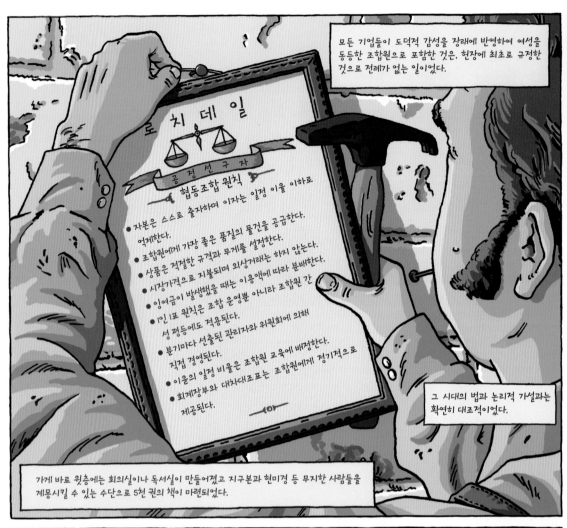

모든 기업들이 도덕적 감성을 장래에 반영하여 여성을 동등한 조합원으로 포함한 것은, 헌장에 최초로 규정한 것으로 전례가 없는 일이었다.

로치데일

공정선구자

협동조합 원칙

● 자본은 스스로 출자하며 이자는 일정 이율 이하로 억제한다.
● 조합원에게 가장 좋은 품질의 물건을 공급한다.
● 상품은 적절한 규격과 무게를 설정한다.
● 시장가격으로 지불되며 외상거래는 하지 않는다.
● 잉여금이 발생했을 때는 이용액에 따라 분배한다.
● 1인 1표 원칙은 조합 운영뿐 아니라 조합원 간 성 평등에도 적용된다.
● 분기마다 선출된 관리자와 위원회에 의해 직접 경영된다.
● 이윤의 일정 비율은 조합원 교육에 배정한다.
● 회계장부와 대차대조표는 조합원에게 정기적으로 계공된다.

그 시대의 법과 논리적 가설과는 확연히 대조적이었다.

가게 바로 윗층에는 회의실이나 독서실이 만들어졌고 지구본과 현미경 등 무지한 사람들을 계몽시킬 수 있는 수단으로 5천 권의 책이 마련되었다.

오언이 원래 실현하고자 했던 유토피아의 꿈은 조합원 자신들이 모든 것을 관리하고 지배하는 것이었다.

오언…. 로버트 오언…. 그는 그 어떤 것보다 더 절실하게 내가 희망하는 등불을 향해 항해하는 이유가 되었다….

로치데일이 출범한 지도 2년이 되었군. 흠…. 신성 모독죄로 투옥되는 영국의 마지막 남자가 되다니!

하지만 난 과거에 '새로운 도덕적 질서'의 첫발을 내딛기 위해 오언주의 전도사로 행동했었다….

스코틀랜드의 시골에서 탄생한 유토피아 노동자의 이상인 뉴래나크 방직공장은 로버트와 함께 호박돌 속의 곤충처럼 하나의 상징적인 랜드마크로 우리의 비전적인 역사가 되었다….

영국의 제분공장에서 시달리는 사람들의 잔혹한 삶이 얼마나 처절한 것인지 아무도 알지 못했다.

이 마을은 수력 제분공장에서의 장시간 노동과 열악한 주거, 아동 노동, 그리고 오랜 착취를 타파하기 위하여 대항하며 어려운 투쟁을 하고 있었다….

초기의 협동조합 매장은 거래를 꺼려하는 파트너들이 종종 있었지만 노동자들에게 거의 도매 가격으로 판매하고 소비자들에게 정직한 음식과 이익을 되돌려준다는 확신이 생겨났다.

그들은 견고한 주택과 학교를 세우고 여전히 이익을 만들어내고 있다. 그러나 그들에게 주어진 산업의 잔혹함이 피할 수 없는 경제법칙의 본질적인 결과라고 주장하는 모든 사람들을 신랄하게 비판한다.

하지만 로버트는 이보다 한발 더 앞서갔다. 그는 핵심 영역 밖의 틀퍼들 마을의 희생자들에 대해 항거하며 십만 명의 런던 행진을 주도했다.

그는 비밀을 맹세한 것과 불법적이며 시대에 뒤떨어진 법에 따라 '농업노동자 우애조합' 조합원으로서의 서약을 한 이유로 추방되었다.

과거 피털루처럼 당국은 이러한 모든 시위에 대한 견해의 입증을 요구하고 있었다.

당시 그 지역은 무장한 군사 캠프와 같은 것으로 알려졌으며 엄청난 병력과 대포를 배치하고 있었다.

내무장관은 대규모의 청원을 거부하였으며 심지어 관청가 장막 뒤에 숨었다는 소문까지 퍼졌다.

나는 불과 4년 전 뉴타운에 있는 그의 무덤 봉헌식에서 단어를 떠올릴 수는 없지만 이렇게 말했었다.

이 기념관은 우리가 오언으로부터 받아들인 모든 이상적인 세계를 설명하기 위해 유지하고 있으며 그 자세로 성장하여 우리 앞에 있다.

그러나 단순하지만 나를 괴롭혔던 슬픈 생각을 기억한다. 그의 노력을 따랐던 모든 해방의 변화를 알고 있다는 것을 !

내가 그에게 이렇게 말하기를 얼마나 바랐는가. "그래 로버트 성공했어! 정확하게 계산된 수학적 경로를 따라 추진된 것처럼 성공했다고!"

불과 20년만에 전국 각지에서 350개 이상의 이 같은 협동조합 기업들이 탄생했지! 회원은 10만 명이 넘었어!

스코틀랜드의 페위 방직공들은 한 세기 이전에 이 같은 협동조합벤처를 설립했었다.

채텀과 울위치의 제분소 협동조합의 성장은 다른 경제력 있는 자들에게는 위협적이었다.

한밤중 화재로 파괴된 사건은 방화 행위인 것으로 널리 알려졌다. 하지만 그들 중 누구도 로치데일 조합처럼 꽃이 핀 곳은 없었다.

초창기 개척자들은 결국 그들 자신의 건물인 토드레인을 건설하기 위한 자본을 갖게 되었다.

임대가 아닌 자신들 소유로! 회의실에는 1,000명 이상이 모였다.

협동조합운동이 전 세계로 확산되어 방문자들의 예약이 쇄도하였다.

후원자들과 호기심 많은 사람들이 더 많은 것을 배우기 위하여 몰려들었다.

미국에서는 남북전쟁이 발발하였고, 영국 북부지역은 극심한 궁핍으로 면화 공급이 중단되었다.

단결의 소중함은 무자비한 노예제도의 연결고리로 확장되었다.

그들 자신의 재산을 걸고 협동조합운동은 불공평한 형태의 노동으로 생산된 제품을 거부하였다.

다른 사람을 노예로 만드는 자들은 기회만 주어진다면 우리 또한 노예로 만들려고 하는 사람들일세!

성공 사례의 랜드마크로서 눈에 띠는 것이 있었다.

대부분의 공장과 농장들은 협동운동으로 번성하였고…

거리의 모든 주택들은 세입자들에 의해 소유되었으며…

런던에서는 1896년에 거대 의회가 탄생하였다.

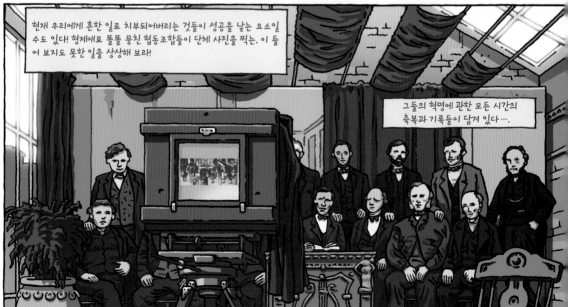

현재 우리에게 흔한 일로 치부되어버리는 것들이 성공을 낳는 요소일 수도 있다! 형제애로 똘똘 뭉친 협동조합들이 단체 사진을 찍는, 이들어 보지도 못한 일을 상상해 보라!

그들의 혁명에 관한 모든 시간의 축복과 기록들이 담겨 있다….

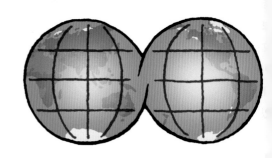

현재

협동조합 운동은 세계에서 내가 본 가장 튼튼하고 강력한 풀뿌리 운동이다. 지금은 전 세계적으로 거의 1억 명의 회원을 보유하고 있다.

영국 경제가 침체기였을 당시 영국의 협동조합 경제는 2008년 금융 위기 이후 다섯 번째로 성장을 가져 왔다.

영국 상호 공제 부문은 건축 조합, 주택 조합, 신용 조합, 보험 회사, 클럽, 협회, NHS트러스트와 직원 소유기업을 포함하여 18,000여 개의 협동조합 조직을 가지고 있다. 이 부문은 100만 개의 일자리를 유지하고 있으며 연간 매출로 1,111억 파운드(1,780억 달러) 이상을 실현하고 있다.

이탈리아 8,100개 협동조합의 고향인 에밀리아 로마냐는 가장 부유한 지역 중 하나인데, 대부분 농업으로 이 지역 GDP의 40%를 생산하고 있다.

미국의 900개 농촌전기 협동조합은 전체 배전 라인의 42%를 구성하고 있으며 광활한 대륙의 75%를 관리하며 47개 주 4,200만 명에게 전기를 공급하고 있다.

캐나다 협동조합은 전 세계 메이플 설탕의 35%를 생산하고 있다.

세계에서 가장 거대한 소비자 협동조합은 일본에 있는데, 세 가족 중 하나 그리고 전체 농민의 91%가 협동조합 구성원이다.

인도는 2억 3,900만 명 이상의 사람들이 협동조합의 조합원이다.

전 세계에 걸쳐 협동조합에 고용되어 일하는 사람은 1억 명 이상이다.

지구촌 전체에는 140만 개의 협동조합이 있으며 실제 운영사례들을 다음 장에 소개한다.

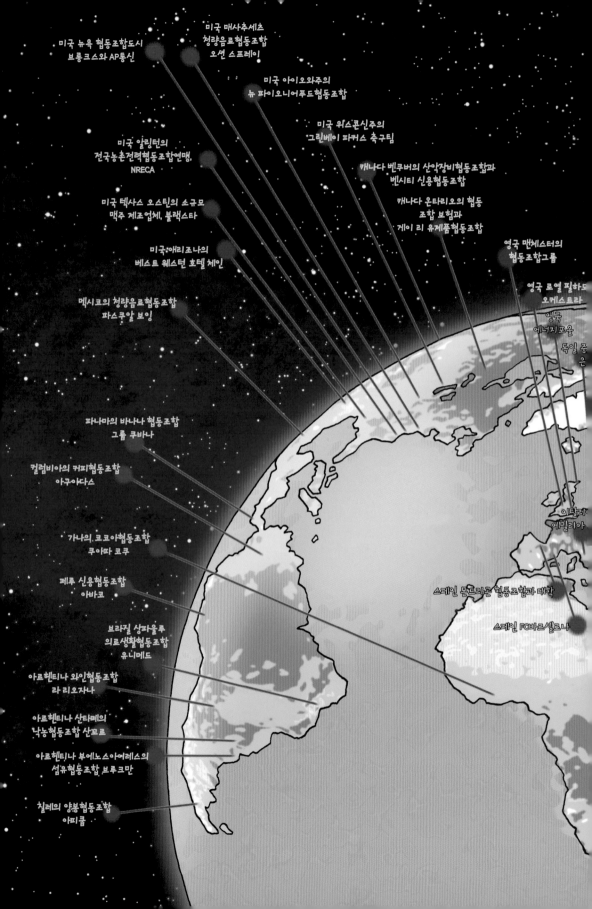

미국 뉴욕 협동조합도시
브롱크스와 AP통신

미국 매사추세츠
청량음료협동조합
오션 스프레이

미국 아이오와주의
뉴 파이오니어푸드협동조합

미국 위스콘신주의
그린베이 파커스 축구팀

미국 알링턴의
전국농촌전력협동조합연맹,
NRECA

캐나다 벤쿠버의 산악장비협동조합과
벤시티 신용협동조합

캐나다 온타리오의 협동
조합 보험과
게이 리 유계품협동조합

미국 텍사스 오스틴의 소규모
맥주 제조업체, 블랙스타

영국 맨체스터의
협동조합그룹

미국 애리조나의
베스트 웨스턴 호텔 체인

영국 로열 필하도
오케스트라

메시코의 청량음료협동조합
파스쿠알 보잉

영국
에너지포올

독일 중은

파나마의 바나나 협동조합
그룹 쿠바나

컬럼비아의 커피협동조합
아구아다스

이탈리
에밀리아

가나의 코코아협동조합
쿠아파 코쿠

페루 신용협동조합
아바코

스페인 몬드라곤 협동조합과 대학

브라질 상파울루
의료생활협동조합
유니메드

스페인 FC바르셀로나

아르헨티나 와인협동조합
라 리오자나

아르헨티나 산타페의
낙농협동조합 산꼬르

아르헨티나 부에노스아이레스의
섬유협동조합 브루크만

칠레의 양봉협동조합
아피쿰

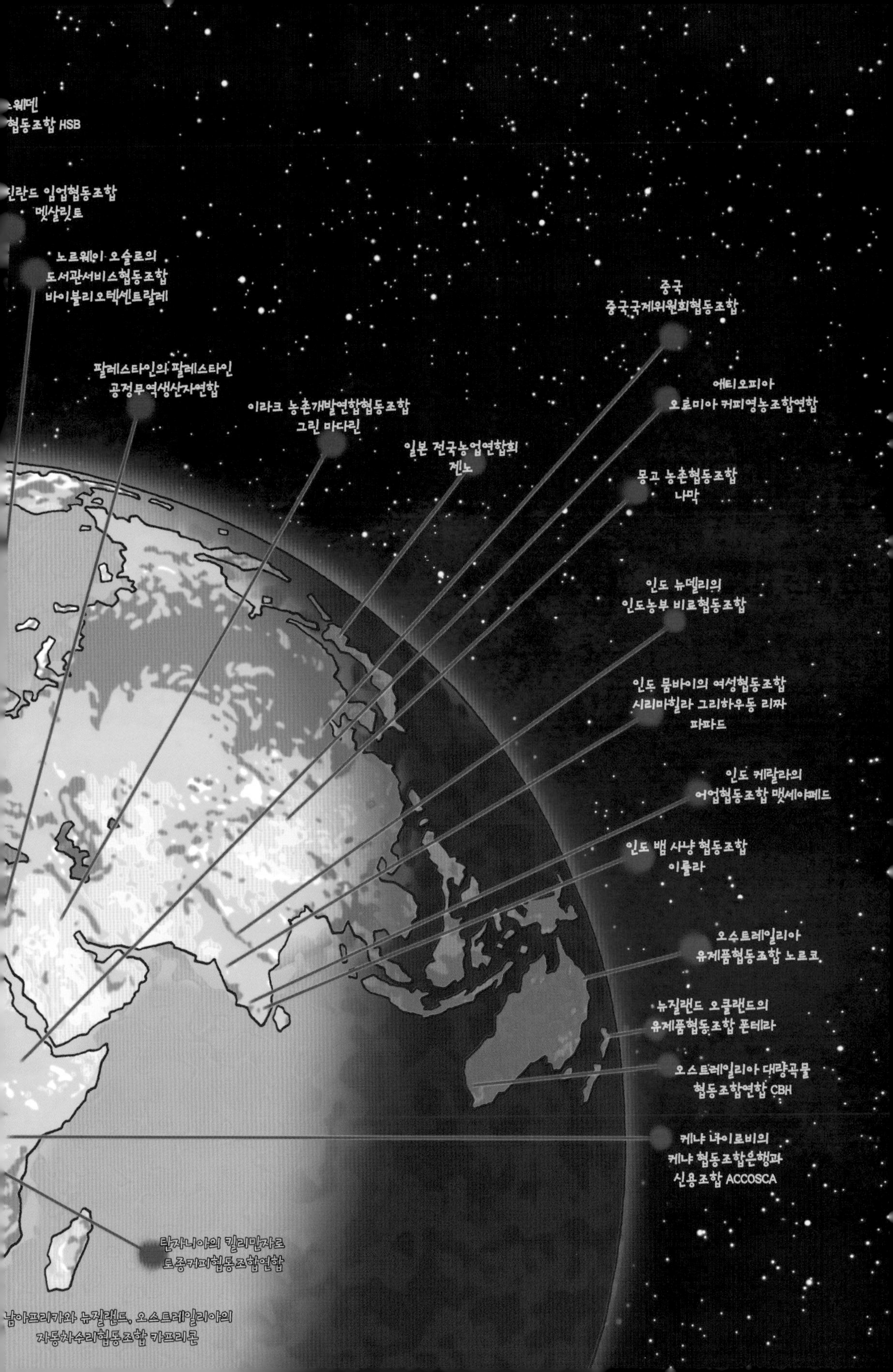

스웨덴
협동조합 HSB

핀란드 임업협동조합
멧살릿토

노르웨이 오슬로의
도서관서비스협동조합
바이블리오테켄센트랄렌

팔레스타인의 팔레스타인
공정무역생산자연합

이라크 농촌개발연합협동조합
그린 마다린

일본 전국농업연합회
젠노

중국
중국국제위원회협동조합

에티오피아
오로미아 커피영농조합연합

몽고 농촌협동조합
나막

인도 뉴델리의
인도농부 비료협동조합

인도 뭄바이의 여성협동조합
시리마힐라 그리하우동 리짜
파파드

인도 케랄라의
어업협동조합 맷세야페드

인도 밤 사냥 협동조합
이롤라

오수트레일리아
유제품협동조합 노로코

뉴질랜드 오클랜드의
유제품협동조합 폰테라

오스트레일리아 대량곡물
협동조합연합 CBH

케냐 나이로비의
케냐 협동조합은행과
신용조합 ACCOSCA

탄자니아의 킬리만자로
토종커피협동조합연합

남아프리카와 뉴질랜드, 오스트레일리아의
자동차수리협동조합 카프리콘

협동조합도시 뉴욕

세계에서 가장 큰 주택협동조합 중 하나는 뉴욕의 협동조합 도시 브롱크스에 위치해 있다. 프리덤랜드라는 놀이 공원이 폐쇄된 300에이커 부지에 건설되어 약 6만여 명의 주민이 거주하고 있다.

그곳은 35층의 고층 블록에 240개의 타운 하우스, 12개의 예배당을 따라 10개의 학교, 6개의 보육원, 3개의 쇼핑 센터 그리고 지하철과 함께 여러 개의 치과 검진소도 갖추고 있다.

공공안전 협동조합 도시과(co-op city department of public safety : CCDP)라는 부서는 89명의 강력한 자체 경찰력을 가지고 있다.

참으로 이상하지? 모든 사람의 삶은 참으로 다른 사람들의 삶과 많이 연결되어 있다네. 한 사람이 없을 때 그가 남긴 빈자리는 정말 끔찍하지 않나?

1946년 개봉된 영화 멋진 인생(Wonderful life)의
클레런스 오드버디

정치·경제의 중심에 협동조합이 차지하는 또 다른 이유는 지구 파괴와 경제적 붕괴를 차단하기 위한 열망과는 별개로 우리들의 유익한 삶을 보다 더 건강하고 올바르게 살 수 있다는 것을 의미한다.

올리버 제임스
심리학자이며 방송작가

뱀 사냥꾼들

이룰라족은 인도 남서부 타밀 나두 지역에 거주하며 전통적으로 살색의 뱀을 잡아 생계를 유지하는 숲속의 토착민이다. 마을 사람들은 땅굴을 파는 쇠지렛대를 사용하지도 않고 맨손으로 코브라, 독사와 우란뱀 등 치명적인 뱀들을 붙잡는다. 따라서 인도 의회가 1972년에 새로운 보존법을 채택하면서 이룰라족의 생계 수단은 불법이 되고 감옥에 가두는 등의 처벌이 이루어졌다.

이로서 뱀을 잡는 데 고도로 숙련된 많은 사람들은 그들의 생계가 막다른 길에 다다랐음을 느꼈다. 그래서 일부는 농장 노동자가 되고, 일부는 일자리를 찾아 도시의 판자촌으로 이주해갔다. 그러나 소규모 집단들은 이룰라 뱀 사냥 협동조합 공동체를 설립하였다.

이룰라는 타밀 나두에 있는 마말라푸람 인근의 뱀독추출 센터 협동조합에서 자신들이 잡은 뱀의 독을 추출한 후 다시 야생으로 되돌려 주고 있다.

이룰라는 이제 인도 전역 실험실에 뱀독과 생명을 구하는 해독혈청 생산에 사용되는 유일한 공급 업체로 성장했다. 협동조합은 26명에서 300명 이상의 조합원으로 발전했다. 오늘날 뱀 사냥자들에게는 과거 뱀의 피부를 벗기는 것보다 살아 있는 상태로 독을 추출하는 방식이 훨씬 높은 수익을 가져다 주었다.

협동조합의 조합원인 라마잘은 협동조합이 그의 가족에게 엄청난 혜택을 제공하고 있다고 말한다. '협동 조합에서 우리는 돈을 받고, 뱀을 잡을 때마다 보너스를 얻는다. 보너스는 우리가 더 나은 음식을 살 수 있다는 것을 의미하고, 아이들의 교육에 도움이 된다.'

인간은 아무도 그 자체로 온전한 섬이 될 수 없다.
모든 사람은 대륙의 한 조각, 본토의 일부일 뿐이다.

존 던
시인(1572-1631)

축구 클럽 그 이상

세계에서 가장 유명한 축구 클럽 중 하나인 FC 바르셀로나는 주주가 없다. 또한 18만 조합원들에 의해 소유되고 민주적으로 통제된다.

국제축구총회에서 선출된 산드로 로젤 회장은 다음과 같이 강조했다. "바르셀로나는 비즈니스가 아니라 느낌이다. 우리는 어느 누구에 의해 소유되지 않으며, 하나의 결사체이다. 다시 말하면 우리는 고객을 갖고 있지 않다. 나는 중국 관객들을 위해 12시 정오에 게임을 넣지 않을 것이다. 우리는 시장을 열고 싶어 하지만, 우리의 뿌리를 잊어버릴 수 없다. 내가 회장으로 재임하는 동안 바르셀로나는 결코 뿌리를 잊어버릴 수 없으며, 지금처럼 운영될 것이다."

1899년에 설립된 카타란 클럽은 오랜 정치적 폭동의 역사를 가지고 있다. 1925년 한 경기장에서는 갓 선출되어 의회 권력을 장악한 미겔 프리모 데 리베라의 군사 독재에 항거하기 위해 스페인 국가의 축가를 군중들이 조롱하는 일이 있었다. 그것에 대한 처벌로 경기장은 6개월 동안 폐쇄되었다.

인간이 영구적으로 모든 행복을 소유하며 즐길 수 있는 하나의 방식이 있다. 즉, 그것은 전체 이익을 위해 협동하는 연대에 의해 가능하다.

로버트 오언
협동조합 개척자(1771-1858)

FC 바르셀로나의 선수들은 신속하게 프랑코 총통이 이끄는 파시스트 군사 반란 투쟁에 가담하였으며, 1936년 조셉 선율 회장은 독재자에 충성하는 군인에 의해 살해되었다.

1951년 산탄데르와의 경기가 승리로 끝난 후 쏟아지는 빗속에 경기장을 떠났던 팬들은 프랑코의 규칙에 따라 지방 자치단체에 의해 부과된 요금 40% 증가에 항의하며, 지역 불매 운동과 연대 행위로 사용할 수 있는 트램을 타지 않고 걸어서 집으로 갔다.

클럽의 모토는 '클럽 그 이상'이란 자긍심의 전통을 반영하고 있으며, 경기장의 다양한 색깔로 된 좌석에는 큰 글씨로 새겨져 있다.

사람이 얼마나 이기적인가를 가정한다면 어떤 사람은 재산을 모으는 데 흥미를 가지고, 또다른 사람들은 행복을 가져다주는 기본적인 것을 보는 즐거움을 제외하고 아무것도 찾을 수 없다 할지라도, 인간 본성 거기엔 몇 가지 분명한 원칙이 있다.

아담 스미스
경제학자(1723-1790)

노동자들을 구제하기 위하여

1999년에 시작된 아르헨티나의 심각한 경제 위기로 많은 사람들은 냉소적인 사리사욕의 치열한 도시 혼란과 무질서에 맞서고자 하였다.

뿐만 아니라 100여 개의 기업들이 파산과 붕괴로 인한 혼란과 실업으로부터 벗어나기 위해, 사람들은 자신들의 생존을 위해 화폐가 필요 없는 물물교환 시스템으로 바꾸었다.

2001년 12월 18일 부에노스아이레스의 의류제조회사 브루크만은 소유자가 사업을 포기하고 폐쇄하였는데, 공장 노동자 50명의 여성 대부분은 밤새도록 건물을 지키면서 다음 날 생산을 재개했다. 그들은 서서히 새로운 고객들을 모집하고 과거 빚을 청산하여, 결국 직원 10명이 새로운 조합원이 되었다.

소유자는 즉시 퇴거 판결을 받았고, 직원들은 한밤중에 건물 밖에서 강제로 300여 명의 무장군인과 대치하였다.

몇 개월간 시위가 계속되는 동안 최루가스, 물대포, 고무탄을 사용하는 경찰의 지속적인 공격에도 불구하고 시위대는 건물 외부에 농성 천막을 설치하고 투쟁하여 승리하였다. 2003년 시 의회의 판결은 결국 12월 18일에 공장에 대한 노동자 협동조합의 법적 통제를 인정해 주었고, 오늘날 이러한 토대를 기반으로 거래가 계속되고 있다.

정치에서 민주주의의 성장과 함께 시작된 인간 사회의 혁명은 경제적 환경이 자리 잡고 민주적인 이상을 실현하기 위한 투쟁을 어떻게 지속하느냐가 핵심이다. 만약 경제 민주화가 이러한 지속적인 혁명의 숨겨진 얼굴이라면, 협동조합의 이상적인 역사는 가장 영속적인 표현이다.

존 레스타키스
경제의 인간화(Humanazing the Economy)의 저자

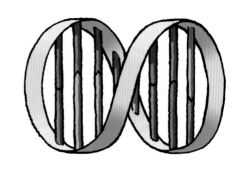

협 동 현 상

잔인함이 가득한 세상

다윈이 갈라파고스 섬에서 영감을 얻어 진화론을 처음으로 언급했던 때부터, 많은 학자들은 사회의 다양한 현상들을 다윈의 '적자생존 법칙'을 통해 설명하려고 노력해 왔다.

1) 자연의 근본은 언제까지나 이기심이다.

2) 따라서 이 사회가 성공적이며 효과적으로 돌아가려면, 치열한 경쟁 속에서 이기심에 근거해야 한다는 것이며,

3) 흔히 경제나 정치 분야에서 말하는 협력이란 개념은 이러한 '자연의 법칙'을 거스르는 것이다.

하지만 자연에 대한 편견을 가져다 줄 수 있는 이러한 관점은 이기심과 잔혹함이라는 자연의 한쪽 면에 대해서만 설명하고자 하였고 이에 따라 한 가지 중요한 사실을 간과해버렸다. 바로 자연이라 는 적자생존이 난무하는 곳에서도 협력이 예외적으로 존재한다는 사실이다.

저는 모든 인간의 본성에 대해 비난하는 일을 사랑합니다.

즉, 인간의 본성에 관해서는 어떠한 것도 굳이 개선하려고 노력하지 않아도 된다는 의미죠.

생명과학 분야의 새로운 통찰은 보편적으로 인간이 적자생존을 위해 이기적으로 진화했다는 주 장은 틀렸으며, 오히려 본질적으로 덜 이기적이기 위해 진화했다고 주장한다.

관대함과 협력은 그저 법이나 도덕적 가치에 근거 해서만 사람들에게서 요구되는 것이 아니다. 이것들 은 사업을 할 때 자주 쓰이는 '미덕이 반드시 보상 을 가져다 준다'는 말처럼 결론적으로 진화 과정에 서 생긴 결과들이다.

1996.12.24. FT 사설

탐욕은 좋은 것

힘은 곧 정의이다!

결국 협력이란

1) 자연이라는 시스템 안에서 이기심과 같이 가장 보편적으로 발생한다.

2) 생존과 성공을 위해 효과적인 전략이다.

3) 경쟁이 만연하고 있는 자연에서 때로는 이기심보다 협력이 살아남기 위한 최선의 전략이다.

비록 잘 이루어지는 데까지는 어느 정도의 시간과 과정이 요구되지만, 자연에서 협력이라는 전략은 절대로 전에는 쓰이지 않았던 새로운 개념이거나 법칙을 거스르는 예외적 변수가 아니다. 오히려 협력은 상황에 따른 당연한 선택이다. 따라서 지난 20년간 과학계는 이러한 협력에 대한 부정적인 선입견을 바꾸기 위해 노력해 왔다.

날카로운 이빨과
발톱의
냉혈

보라!
자연이 주는 잔인무도한
현실적 교훈을!

보라!
무자비한 이기심에 의해
사라진 협력을!

보라!
정치 · 경제적 세계관에서
진정한 승리라고 말하고 있는
협력이 어떻게 무너지는지를!

RAW
POODLE CHUNK
IN A RICH GRAVY

19세기는 통상적으로 영화 제작사들의 사업과
연계되어 진화론 생산의 왜곡이 이루어졌다.

가장 작은 것부터 가장 큰 종까지, 같은 종에서부터 다른 종까지,
협력은 어디에서나 일어난다.

진화하고 순환하는

볼복스는 공 모양의 아주 작은 생명체로, 물이 고여 있는 전 세계 모든 연못에 살고 있으며 심지어 비가 온
뒤에 생기는 물웅덩이에서도 발견할 수 있다. 이 생물을 현미경으로 자세히 보면 이러한 작은 생물조차도
수십만 개의 단세포로 이루어진 군체라는 사실을 발견할 수 있다.

각각의 단세포들은 모두 꼬리와 눈을
가지고 있다.

이러한 작은 생물체조차도 앞부분과 뒷부분으로
나누어지며, 앞쪽에 있는 세포들은 보다 강한 눈을,
뒤쪽에 있는 세포들은 보다 세게 헤엄칠 수 있도록
도와주는 꼬리를 가졌다.

즉, 눈에 보이지 않는 이 세포들의 집합체
조차 다른 동물들과 마찬가지로 시야 확보와,
뛰어난 수영 실력을 가지고 있으며 이 기능들을 통해
물속에서 살아간다는 것이다.

하하! 그니깐 우리가
지금 너무 커져서
더 이상 무서울 게
없다는 말이지?

그게 아니라
포식자가 먹기에는
너무 큰 사이즈로
변한 것뿐이야!

이와 같이 이 작은 볼복스란 생명체도 하나의 집합체를 형성해 서로 협력을 통해
포식자가 자신을 먹기에는 너무 큰 사이즈로 변하는 전략을 선택한다.

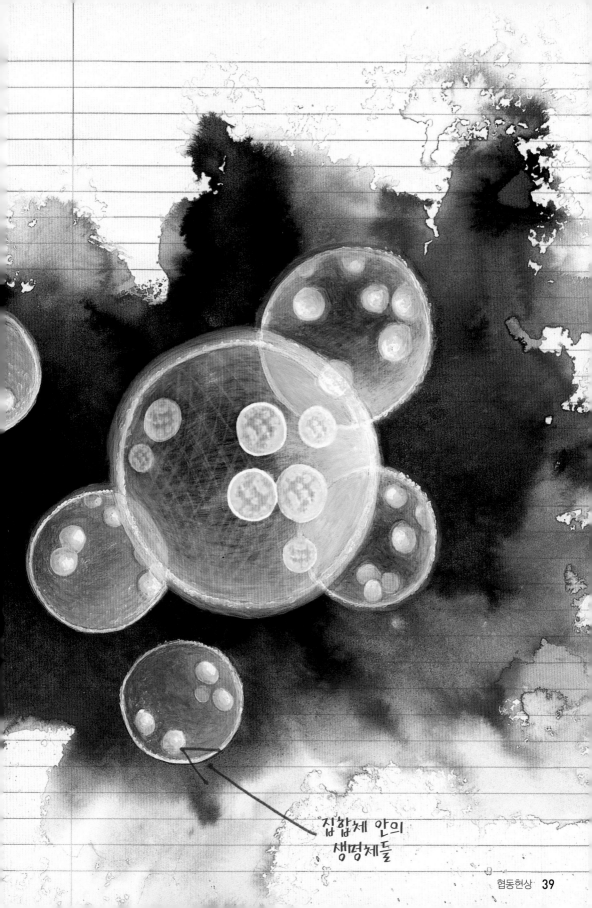

집합체 안의
생명체들

새들은…

협력하기 위해 진화한 단세포로 이루어진 생명체보다 훨씬 더
복잡한 형태를 가지고 있다.

많은 생명체들이 생존이 보장되지 않는 야생에서 효과적으로 경쟁에서 살아남기 위해 선택하는 전략들 중 하나는 바로 무리를 이루는 것이다. 그 단편적인 예로 물고기들과 새들이 떼를 지어 다니는걸 들 수 있는데, 특히 새떼 같은 경우에는 그 숫자가 엄청나서 포식자들로 하여금 커다란 동물로 착각하게 하여 쉽게 접근할 수 없도록 한다.

이러한 자연에서 찾아볼 수 있는 생존을 위한 새들 간의 협동은 천 마리가 넘는 새들이 포식자가 겁먹을 정도로 동시에 같이 위아래로 날개를 움직이며 역동적인 움직임을 보일 때 이루어진다.

이것은 무리로 알려져 있다. 이러한 무리가 보여 주는 거대하고 놀라운 광경은 마치 하나의 커다란 생명체가 움직이는 것처럼 착각하게 만든다.

새떼 중 가장 큰 무리는 종종 다른 지역에서 겨울을 나기 위해 모인 다양한 새들로 이루어진다.

벌들은...

어떤 곤충들은 협력이라는 개념을 너무나도 잘 실천하기 때문에, 때로는 사람들로 하여금 그들이 협력을 할 수 있는 지혜를 갖고 있다고 여겨지게 만든다. 실제로 개미, 벌, 말벌, 흰개미와 같이 사회성을 가지고 있는 것으로 구분되는 곤충들은 대부분 단체생활을 하며, 놀랍게도 정말 사람들이 사는 사회처럼 각자 노동을 분업해서 살아가고 있다. 더 나아가 각 개체들은 자신들의 무리를 위해서는 언제든지 자신을 희생할 준비가 되어 있다. 따라서 이러한 군집생활을 하는 곤충들이 대부분 생태계에서 가장 큰 자리를 차지하고 있다.

꿀벌들을 예로 들어 보자. 이 곤충들은 최대 5만 마리까지 한 벌집에 모여 산다. 또한 한여름의 땡볕에도 절대로 쉬는 일 없이 항상 같이 협력하여 자신들의 식량을 모으고, 집을 청소하고 지키며, 여왕벌과 애벌레들을 보살핀다.

벌집은 그 자체만으로 협력으로 이루어진 빌딩이라고 할 수 있으며, 그 안에서는 놀라울 정도로 규율이 잘 잡혀 있다. 또한 육각형으로 이루어진 각 구멍들은 나중에 꿀을 축적할 때 가장 작은 사이즈의 벌이 쉽게 들어갈 수 있도록 매우 계산적이고 효과적으로 잘 지어져 있다.

식량을 징발하는 역할을 맡은 벌은 벌집이 좀 더 완벽하게 지어질 수 있도록 항상 꽃가루와 넥타르를 제공하며, 특정 날갯짓을 통해 다른 벌과 소통하여 효과적으로 식량을 배분한다.

여기서 벌이 소통을 할 때 보이는 날갯짓은 다른 벌집에 있는 벌들에 의해 파악되며, 또다시 반복되어서 다른 벌들과 소통한다.

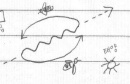

종종 춤이라고 묘사되는 이러한 벌들의 비행은 과학자들이 현재까지 밝힌 생물체가 보일 수 있는 신호 중에서 가장 복잡한 형태를 가지고 있다고 한다.

최근 연구에 따르면, 벌들 중에는 특별히 히터 벌, 즉 날개짓을 통해 벌집의 특정 부분을 따뜻하게 하는 역할을 맡은 벌들이 있다는 사실이 새롭게 밝혀졌다.

이 벌들은 자신들의 복부와 날개를 빠르게 움직여서 벌집 안에 공기를 따뜻하게 해 주는데, 이것은 이러한 따뜻한 온도에 민감한 벌 유충들로 하여금 보다 빨리 성장할 수 있도록 하게 하는 것이다.

벌은 혼자서는 생존할 수 없지만 무리를 지어서 벌집에서 살면 높은 번식력을 가지고 있는 곤충이기에 벌집은 종종 협력의 상징으로 언급된다.

상호 협력을 통한 진화

자연에서 볼 수 있는 이러한 협력의 형태는 비단 비슷한 종들끼리만 일어나는 것이 아니다. 수만 년이란 시간을 보내면서 벌과, 나비, 말벌 및 파리는 서로에게 도움이 되는 방향으로 상호협력을 하면서 진화 과정을 거쳤다. 이와 연관되어서 수많은 식물도 서로 상호 협력을 통한 진화를 경험하였다.

그 단편적인 예가 바로 꽃을 피우는 식물 간의 수분이다. 곤충들은 꽃가루라든가, 넥타르와 같은 식량을 얻기 위해 의도치 않게 이 과정에서 수술의 꽃가루를 암술로 전이하게 된다.

이러한 과정을 통해 식물은 수정을 하게 되며, 결과적으로 열매, 견과 및 씨앗을 낳게 되는 것이다. 따라서 식물은 수정을 위해 필요한 곤충을 보다 많이 유혹하기 위해 더 화려한 색깔을 띠도록 진화하였으며, 넥타르를 더 많이 보유하거나 끈끈한 꽃가루를 가지게 되었다.

인간 또한 자연에서 일어나는 이러한 협력에 의해 영향을 받는다. 우리가 평소에 먹는 음식 중 1/3은 꿀벌이 식물의 수정을 도와준 것으로 땅콩, 콩, 양파, 당근, 브로콜리, 해바라기부터 사과, 오렌지, 블루베리, 딸기, 멜론, 아보카도 그리고 복숭아까지 모두 먹을 수 있게 되는 것이다.

결과적으로 우리가 매일같이 농작물을 재배해서 먹을 수 있는 것은 다 벌과 꽃의 협력 덕분이라고 할 수 있다.

WORDSEARCH

```
G C E A G L A A C G A T A A C C
A F C L T A G D C M L T E T T O
F U N C T T G A N A I A N G H T
A G N C R T R A A T D C I X T P
A U C I G T E C S C O E V O L V E D
C S N S G N C Y A H L R A T A A
C T A M G T M G G O A T U C G T
C S G C A B T C V N G A C T T I
A P T L I C H E N D N G A C A O
T E C O L O N Y C R I A A G C N
A C S C G A O M S I I A U T U M C
G I G T A N O I T A R U M R U M C
S E E B Y E N O H A A T A T A G
T S G V I R U S C I T E N E G T A
G C C A A G C G A T S T C G A C T
C G A T N O I T A N I L L O P C G
```

ROSSWORD

Across
1 Cellular organelle supplying ATP (12)
8 Flocking pattern of starlings (11)

현미경이 개발되기 전까지 과학자들은 이끼가 매우 단순한 생물체라고 생각했다. 하지만 현미경이 발명되고 이것을 통해 과학자들은 이끼가 띠고 있는 푸르스름하고 둥그런 모습들은 매우 다양한 모습과 특징들을 가진 곰팡이 균들이 함께 모여서 생겨 난 것임을 발견했다.

이러한 식물의 형태를 가지고 있는 생명체는 광합성을 통해 에너지원을 만들며, 곰팡이 균들은 이러한 생명체에게 보호막과 같은 역할을 해 줌과 동시에 영양분을 제공해 주고 있다.

이끼는 알려진 바에 따르면 수십만 년 동안 자랄 수 있다고 한다. 즉, 이끼들은 이집트 피라미드의 실제 나이보다 훨씬 오래 살 수 있는 것이다!!

IN
LOVING MEMORY

GROUP
SELECTION
DENIAL

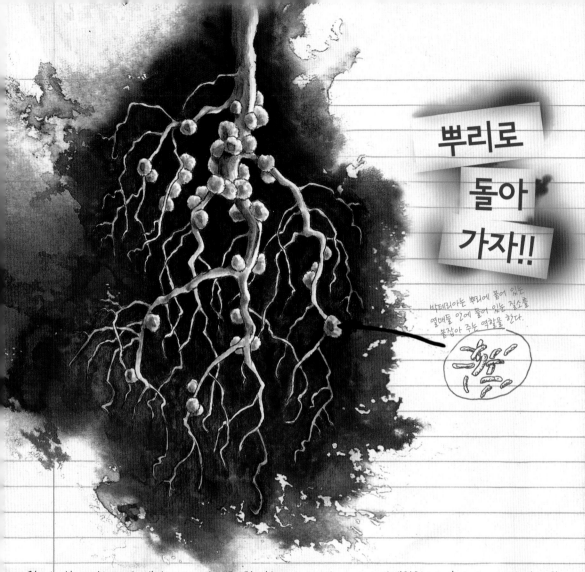

박테리아는 뿌리에 붙어 있는 질소를 열매들 안에 들어 있는 질소를 붙잡아 주는 역할을 한다.

질소는 살아 있는 모든 생명체에게 있어 꼭 필요한 요소이지만, DNA와 단백질원으로 흡수가 되려면 먼저 잘 사용될 수 있도록 고정되어 있어야 한다. 따라서 대부분의 식물은 자신들의 뿌리에 박테리아들이 자생할 수 있는 환경을 만들어 주어 그 박테리아들이 자신들에게 필요한 질소를 붙들어 주는 역할을 하도록 장려하고 있다.

박테리아로 하여금 안전한 보금자리를 제공받게 하는 것이고, 식물들은 자신들이 자라기 위해 꼭 필요한 질소를 얻을 수 있다. 이러한 협력 관계는 비단 박테리아나 식물들에게만 국한되는 것이 아니라 전체적인 흙의 영양분과 생태계를 결정하는 중요한 요인이다.

이러한 이유로, 수백 년 동안 농부들은 클로버라든가 강낭콩과 같은 콩과 식물들을 추가로 밭에 재배하여 흙을 비옥하게 해 왔다.

비록 현재는 인간이 공장에서 비료를 만들 수 있는 방법을 알아냈다고 하지만 이것은 결과적으로 500도의 온도와 200번의 압력을 가해 인위적으로 만들어지는 것이며 따라서 언제까지나 박테리아와 식물 사이에서 이루어지는 자연적인 효과는 기대하기 힘들다.

포르투갈 바다에 서식하는 생물체는 해파리의 모습을 많이 닮았지만, 실제 이것은 한 생명체가 아니라, 여러 생명체가 모인 하나의 무리이다.

이 생명체는 하나의 집단이라고 표현할 수 있으며 네 가지의 해양 고착 생물들로 이루어져 있다.

첫 번째로 해면 위에 둥둥 떠다니는 수상하게 생긴 생명체는 가스 주머니인데, 이것을 통해 가라앉지 않고 해면 위에 둥둥 떠다닐 수 있다.

두 번째로 아래로 쭉 뻗어 있는 것들은 촉수 생명체로 독을 품고 있는데, 최대 10미터 이상까지 자란다고 알려져 있고, 포식자들로 하여금 이 집단을 보호해 주는 역할을 맡고 있다.

세 번째로 촉수에 가려져 있는 침들 또한 하나의 생명체들이라고 할 수 있는데, 결과적으로 이것들은 먹이를 유인해서 잡을 수 있는 실질적인 도구로서의 역할을 감당하고 있고 더 나아가 잡은 먹이를 소화시킬 수 있도록 위로 보내는 역할을 한다.

마지막으로 이 집단에 속한 네 번째 생명체는 이 집단의 번식 역할을 맡고 있다.

먹이사슬 계층

어떤 동물이든 자신들의 위에 남아 있는 돌 찌꺼기들을 다 소화 시키지는 못한다. 따라서 소나 양과 같은 초식동물들은 미생물들이 사는 위를 하나씩 더 갖도록 진화하였는데 이것이 바로 혹위맥이다.

이 혹위맥이라고 불리는 두 번째 위에 사는 수백만의 미생물은 특별한 효소들을 만들어 내 다 소화되고 남은 풀들을 추가로 소화 시켜서 동물이 영양분을 모두 흡수할 있도록 해 주는 역할을 맡고 있다.

혹위맥에서 살고 있는 이러한 미생물 집단은 매우 복잡한 형태의 구조를 가지고 있는데, 이 미생물들이 살고 있는 생태계 또한 매우 복잡한 특징들을 가지고 있다.

박테리아 같은 경우에는 보편적으로 원생생물 밖에 살며, 자신이 기생하는 생명체의 화학 작용을 도와준다.

이와 같이 대부분의 식물과 기생 곤충 간의 먹고 먹히는 관계가 아마도 지구상의 절반 이상의 종에게서 복잡한 형태로 진행될 것이다.

생명은 협력에 의해 만들어진다!

자연에서 발견되는 협력들을 살펴보았지만 이것들보다 훨씬 협력적이라고 할 수 있는 것은 바로 우리 몸 안에 있는 세포들 간의 협력이다. 놀랍게도, 동물 세포의 에너지를 공급하는 미토콘드리아라는 생명체와 식물 세포의 에너지 공급을 맡고 있는 엽록체라는 생명체는 인간이 존재하기 수억 년 전부터 존재해 왔던 박테리아와 매우 흡사한 형태를 갖추고 있어서, 모든 세포가 박테리아에서부터 나왔다는 주장을 뒷받침 해 준다.

비록 이러한 박테리아와 미토콘드리아 및 엽록체와의 유사점은 무려 100년 전에 발견되었지만 보다 구체적으로 이러한 세포를 구성하는 생명체들이 각각 다른 DNA 정보를 갖고 있다는 사실은 주류 과학 이전 린 마굴리스 박사의 내부공생이론을 통해 밝혀질 수 있었다.

이러한 세포들 간의 영속적인 공생계약을 통해 생명의 새로운 형태를 생성하는 것은 결과적으로 생물체들이 보다 뛰어난 존재들로 진화할 수 있다는 사실을 가정할 수 있도록 해 준다.

생물학의 새로운 지식은 장기간에 걸친 개체와 종 사이의 유혈 경쟁에 따른 진화를 통해 우리의 견해를 수정하게 된다. 구형의 생명체는 투쟁에 의한 것이 아니라 네트워킹에 의해 이루어진다.

생명은 단지 다른 것들을 잡아먹는 것보다는 흡수하여 보다 복합적으로 성장함으로써 번식의 풍부함을 형성한다.

린 마굴리스와 도리슨 세이건

뛰어난 개체들이 보다 효과적으로 일을 빨리 끝낸다

우리는 무려 10년이 넘게 학교나 사회를 통해 우리의 세포들이 이기적인 유전자들로 가득 차 있다고 배웠으며, 각 세포들은 다음 세대까지 자신의 존재들을 이어나가기 위해 스스로 선택을 받았다고 여겨 왔다.

하지만 이러한 이기적인 유전자의 모습을 뒤로 하고, 우리는 자연에서 우리의 몸을 통해 훨씬 커다랗고 긍정적인 진실에 대해 깨달을 수 있었다. 다층선택이론에 따르면 생명은 다양한 개체들이 계층에 따라 이루어져 있는 형태라고 말한다. 개개인에 속한 유전자와 집단에 속한 개인, 전체 인구에 속한 집단 그리고 아주 거대한 집단들의 모임까지 협력은 어떻게 보면 모든 레벨에서 가장 유익하게 사용될 수 있는 전략이다.

적자생존 집단은 살아남을 가능성이 가장 뛰어난 유전자를 갖춘 개인만이 살아남는다. 이러한 힘은 우리의 유전자와 우리의 문화를 형성하는 데 모두 중요한 역할을 하고 있다.

이기심은 집단 내부의 이타성을 배제시킨다. 이타적인 집단은 이기적인 집단을 이긴다. 결국 모든 것들은 당연해진다.

데이비드 슬로안 윌슨과 에드워드 오 윌슨

높은 애국심과 믿음, 복종, 용기, 동정심을 가지고 있는 구성원들로 이루어진 부족은 언제나 단체 내에서 다른 동료들을 도와줄 준비가 되어 있으며, 이 무리에 속한 개인들은 공공의 선을 위해 자신들을 희생할 수 있는 결단력이 있다.

따라서 다른 부족들과의 전쟁에서 언제나 승리할 수 있었다. 이것이 바로 내가 말한 자연적인 선택이다.

찰스 다윈

아메바에서부터 얼룩말까지, 협력은 자연에서 생명을 형성하는 데 가장 중요한 진화적 요소였다. 그리고 그 어떤 생명체보다 협력을 가장 잘 실천하기 위해 노력하는 동물은 바로 인간이었다.

연구를 계속한 결과, 소수의 사람들은 다른 사람과 거래할 때 도덕적이지 않고 이기적임을 보여 주었다. 그러나 대다수 사람들은 공정한 거래를 선호하며 다른 사람과의 협력을 방해하거나 악용하면 적극적으로 처벌을 요구하게 될 것이다.

우리는 자연 안에서 상호 공유와 신뢰를 실천하도록 설계되었으며, 이런 특성은 우리를 가장 선택받은 생명체로 남을 수 있도록 해 주었다.

그렇다면 우리는 앞으로 어떤 것을 추구해야 할까...

미 래

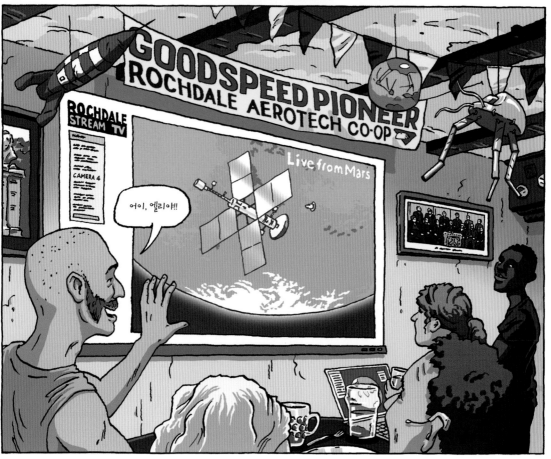

야! 여기 봐. 우리 보스가 왔어!! 모두가 다 정신이 없군!

방송국에서도 막 취재하러 온 걸 보면 뭔가가 있는 게 분명해!

그녀가 우리의 배당금도 함께 가져왔을까?

보스? 하하하 나는 보스가 아니야. 그저 이 사업의 코디네이터일 뿐이지. 당신들도 더 이상 회사를 소유하지 않잖아. 안그래? 그저 여행용 손가방에 불과해.

아무튼, 나는 나 자신을 위한 투표는 하지 않았다고~ 그래, 이제 잡말 말고 내게 술 한잔 사든지 아니면 모두 해고야!

역시 우리는 당신이 바로 이걸 요구할 줄 알았지!

어휴 밖에는 완전 엉망이야. 무슨 가는 곳마다 사인을 해 줘야 하니 원…. 상상해 봐.

우리에게도 사인 한 장씩만 해 줘요, 보스

당연하지! 미리 사인을 받아 놓지 않으면 후회할 걸~ 우리 보스는 이미 이 항공사업 협동조합을 통해 전 세계에서 가장 유명한 인사가 되었는걸~

키야~ 화성 탐사에 쓰일 탐사선을 만든 장본인이라니! 자, 마시자고! 우리 협동조합의 미래를 위해! 하하하!

말도 마 난 지금 일본, 케냐, 아르헨티나, 아메리카에서 온 기자들과 인터뷰를 치르고 왔어. 고베에서는 수십 명의 기자 무리들이 아예 진을 치고 있더라니깐~

아직까지 우리가 칼밤 항공 기업을 경쟁에서 이기고 우주 비행선 개발권을 따냈다는 게 믿기지가 않아~

걔네들이 우주 비행선에 대해 뭘 안다고 그래! 우리가 이기는 건 당연한 결과였어!

그런 큰 기업들은 예전에나 그 힘을 발휘했지. 이제는 박물관에서 볼 차례야. 앞으로는 우리와 같은 더 뛰어난 기술과 응집력을 갖춘 협동조합의 시대라고~

불과 30분 전에 화성에 도착한 탐험호에서 날아온 소식에 대해 알려드리겠습니다. 이번 미션에서는 오랫동안 우주 비행을 해 온 에바 라미레즈가 지휘를 맡았는데요, 현재 캡틴 윌리엄 데일리의 궤도를 지나고 있습니다.

이봐

이봐!!

모두들

이것 좀 봐.

앞으로 5분만 있으면 화성에 우리 탐사선이 발사된다고!!

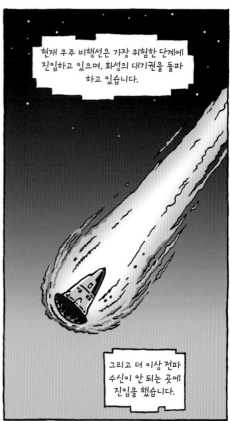

현재 우주 비행선은 가장 위험한 단계에 진입하고 있으며, 화성의 대기권을 돌파하고 있습니다.

그리고 더 이상 전파 수신이 안 되는 곳에 진입을 했습니다.

오 주여. 드디어 때가 왔군….

난 더는 못 보겠어….

거기에는 5명이 저 멀리 떨어져 있어.

이 일의 승패에 따라 그들의 운명까지도 결정된다니….

이것은 매우 심각한 문제야.

제발… 제발…

절대로 실패해서는 안돼….

절대로 실패해서는 안돼….

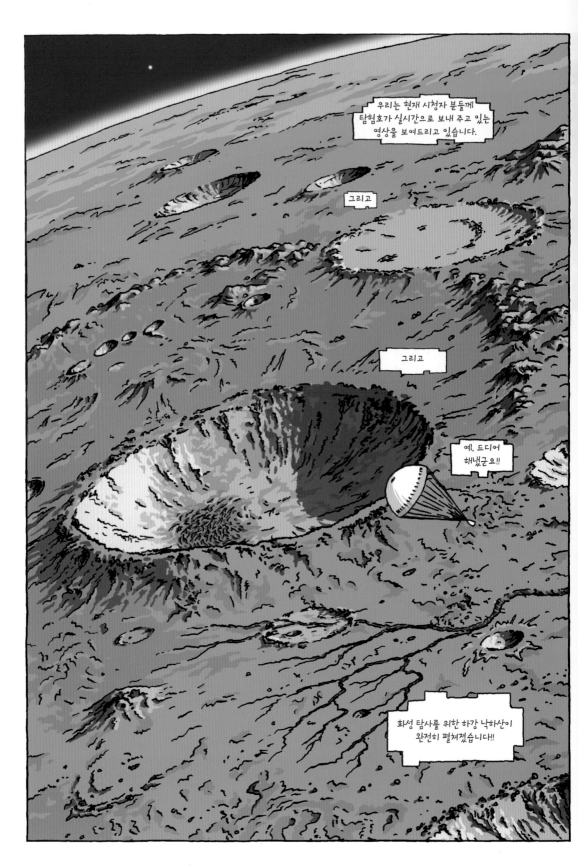

로치데일의 선구자들

연 대 표

협동조합의 역사

검정색 : 영국 협동조합 운동, 파랑색 : 국제 협동조합 운동, 빨강색 : 일반적인 영국 및 국제적 사건

1769
식료품의 대량 구매를 위한 스코틀랜드 펜윅위버라는 기업이 설립되었는데, 이것이 최초의 협동조합으로 기록되었다.

로버트 오언

1799
로버트 오언과 동료들이 스코틀랜드의 뉴래나크 복합기업을 인수하였다. 오언은 근로자의 주택과 임금 개선, 보육원 및 교육, 무료 건강 보험 등을 포함한 공장의 수익을 창출하기 위해 개혁을 도입하였다.

1799 – 1800
영국 의회가 불법 거래 예방과 정치 개혁을 목적으로 집단 형성을 금지하는 단결금지법을 통과시켰다. 이 법은 노동조합을 탄압하는 데 사용되었다.

1802
영국 의회가 면방직 공장에서 일하는 아동의 근로 조건을 하루 12시간 이내로 제한하는 최초의 공장법을 통과시켰다. 그러나 이 법은 조사감독 규정에 대한 대비도 하지 못하고 무시되었다.

1804
옥수수법은 값싼 수입 식품으로부터 자국 농민을 보호하고 높은 수준의 빵 가격을 유지하기 위해 인위적으로 높은 관세를 도입하였다.

1807
의회는 영국에서 노예를 수입하거나 소유하는 것을 금지하였다. 영국 식민지의 노예제도는 1834년에 폐지되었다.

1811 – 1813
러다이트 운동으로 알려진 면방직 산업의 기계 파괴와 방해 폭동이 일어났다. 이것은 1811년 노팅엄의 셔우드 숲에서 시작되었는데 제너럴 넷러드라는 가상의 인물이 이끌었던 운동으로 훗날 전설적인 이름으로 불린다. 이후 요크셔와 랭카셔는 다수 의견에 반대하는 목소리의 허브로 저임금과 동력직조기 도입에 반대하였다. 기계 파괴는 결국 1812년 20여 명의 죽음으로 끝이 났다.

1813
로버트 오언의 *사회에 대한 새로운 견해*가 출간되었으며, 뉴래나크를 개혁하여 생활 개선과 노동 조건 그리고 새로운 도덕사회 건설을 위한 수단으로서 협동마을을 자립자활의 발전모델로 소개하였다.

1819
피털루 대학살로 영국 맨체스터에서 의회 개혁을 위한 군중 시위대를 기병대가 공격하여 15명이 사망하고 400명 내지 700명이 부상당했다.

1824
영국에서 단결금지법이 폐지되었지만, 1825년 노동조합의 권한을 좁게 정의하고 파업권을 심각하게 제한하는 법안이 통과되었다.

1828
저널의 역사 중 가장 중요한 것 가운데 하나인 윌리엄 킹의 협동조합인이 출간되었다. 1830년에 월간지를 종료할 때, 협동조합인은 영국에서 적어도 300개의 협동조합이 이 원칙을 따르고 있다고 보고했다.

1830
찰스 라이엘이 *지질학의 원리*를 출간하여, 6,000년의 오래된 지구 창조론적 관점을 반증하였다. 이것은 청년 찰스 다윈의 사고에 많은 영향을 주었다.

1830s
영국의 농촌 지역사회는 '캡틴 스윙'이라는 가상의 이름으로 기계화로 인한 농촌 파괴와 전통적인 생계의 위협에 대항하여 봉기하였다.

1831
오언이 맨체스터에서 '협동조합 총회'를 최초로 조직하였다. 이 같은 총회는 1831년과 1835년 사이에 8번 개최되었다.

윌리엄 킹
(1828 참조).

1832
영국 최초 개혁법안으로, 부패선거구 종식과 좁아진 투표권을 확장하는 것이었다. 대략 성인 남성 7명 중 1명은 투표권을 가지고 있지만, 대부분 노동자 계급의 남성과 모든 여성들은 제외되었다.

1833 – 1847
영국 의회는 여성과 아동의 과도한 근로 시간을 제한하는 세 차례(1833,1844,1847)의 진보적인 공장법을 연속적으로 통과시켰다. 1833년 법은 9세 미만 아동의 노동을 금지시켰다. 1847년에는 하루 10시간 이상 근로와 18세 미만의 아동과 여성 근로를 제한하였다. 기본적으로 18세 이상의 남성은 하루 15시간으로 오전 5시 30분부터 오후 8시 30분까지로 규정

피털루 대학살, 1819

하였다. 이것은 전형적인 노동자로서의 성장을 방해하고 질병에 취약한 환경이 되었다.

1834
영국 도싯 주의 노동자 6명은 저임금에 대항하여 노동조합을 결성했을 때 불법적인 서약을 맹세한 혐의로 책임을 져야 했다. 6명의 '톨퍼들 마을의 순교자들'은 호주의 식민지로 7년간의 추방형을 선고받았다. 이 추방형에 항의하여 80만 명 이상이 의회에 청원하여 결국 감형되었다.

1836
찰스 다윈이 돌연변이에 대한 생각을 정립하고 비글호를 타고 항해를 하는 동안 보다 광범위한 과학계와 교회의 반응을 두려워하여 상당한 간행물의 출간을 지연시켰다. 결국 알프레드 러셀 월라스가 자신의 자연선택 진화이론을 발전시켰던 것을 1848년 발견함으로써 출간에 박차를 가하게 되었다.

1837 - 1844
기근의 40년대로 알려진 기간 동안에 영국인들은 최악의 경기 침체에서 100만 명 이상이 기아에 허덕이며 고통을 겪었다. 동부 랭커셔와 서부 요크셔 지방은 불만의 온상이 되었으며 1795년 초 2명의 남성이 사망했을 때 로치데일에서는 식량폭동이 발발했다. 1808년 로치데일에서 '셔틀모임' 폭동을 주도한 일부는 합의된 임금 표준을 유지하는 데 실패하여 수직기 직조공과 고용주 사이의 분쟁이 발생하였다. 이 결과로 민병대가 폭동을 진압하기 위해 마을로 수년간 진입을 계속하였다.

1838
영국에서 출간된 인민헌장은 일반적인 남성 참정권을 포함한 차티스트 운동과 6개 주요 요구 사항을 규정하고 있다. 당시에

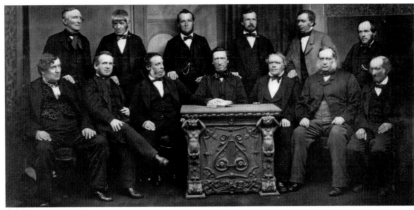

13인의 초기 로치데일 선구자들, 1860년대 사진, 태동기에 촬영됨.

는 급진적으로 보였음에도 불구하고 요구 사항 6개 중 5개가 1918년에 채택되었다.

의회는 120만 명의 차티스트 청원을 거부하였다. 그 결과로 버밍햄과 뉴포트에서 폭동이 일어나고 차티스트 지도자들은 구속 수감되었다.

찰스 디킨스의 두 번째 소설 올리버 트위스트가 출간되었다. 그것은 빅토리아 여왕 시절 영국 사회의 혹독한 아동 착취, 특히 빈민 수용 작업장에 빛을 비추는 것이었다.

1839
맨체스터의 기업가인 리처드 코브턴은 반옥수수법 연맹을 통해 별도의 반옥수수법 협회를 통합하였다. 랭커셔 출신의 보수적 개혁주의자인 로버트 필 총리는 1846년에 옥수수법 폐지를 이끌었으며 의원들에 의해 사무실에서 즉시 철회되었다.

1842
영국 인구의 3분의 1이 효과가 미미한 차티스트 운동을 지원하는 의회 청원을 하였다.

1843
찰스 디킨스가 맨체스터를 방문하여 그가 보아 왔던 런던의 처참한 아동 빈곤을 증언하였다.

그는 크리스마스 캐럴이라는 새로운 소설에서 가난한 사람의 아이들에게 타격을 가하는 파업을 설정하여 집필하였다.

1844
프리드리히 엥겔스의 영국 노동자 계급 상황이 출간되었다. 산업화된 세상의 첫 번째 도시인 맨체스터의 지저분한 모습을 묘사하고 있다.

12월 21일 로치데일 공동체의 공정 개척자들이 영국 소비자 협동조합에 대한 청사진과 오늘날 세계적인 운동의 영감을 가져다 준 협동조합의 성공적인 모델이 시작되었다.

1846
엘리자 브라이얼리는 남성과 여성이 투표권을 포함하여 동등한 권리와 책임을 가진 구성원이 되는 로치데일 선구자 조

합의 첫 번째로 기록된 여성 회원이 되었다.

1848
프랑스에서 기존의 정부를 전복하고 보다 민주적인 참여를 추구하는 일련의 통제되지 않는 혁명이 시작되었다. 독일, 이탈리아, 오스트리아를 포함한 수많은 유럽 국가들이 심각한 반란을 경험하였다. 칼 마르크스와 프리드리히 엥겔스의 공산당 선언이 출간되었다.

런던의 기독교 사회주의자들과 유럽에서 일어난 혁명들에서 평화의 대안으로 협동조합을 활성화하였다.

3차 차티스트 청원이 런던에서 시작되었다. 혁명의 공포는 모든 주요 도시들에서 특별 경찰관들을 모집하게 하였다. 가장 순수했던 차티스트 운동이 쇠

로치데일 선구자들의 첫 번째 상점 복원.

퇴해가는 것처럼 보이는 것이 불만스러웠다.

1849
로치데일 선구자들이 처음으로 독서실을 열고 교육위원회를 구성했다. 선구자들은 공동체 조합 이익의 2.5%를 회원들과 자녀들을 위한 독서실, 도서관, 강의, 수업 자금을 위해 기부하였다.

알프레드 테니슨의 시 'A. H. H를 추모하며'에서 '날카로운 이빨과 발톱으로 이루어진 냉혹한 자연의 세계'라는 문장이 인용되었다.

1852
독일의 헤르만 슐체-델리치는 고향 마을에서 소상공인들에게 신용 거래를 제공하기 위해 '인민은행'을 설립하였고, 이는 오늘날 세계 최초의 신용협동조합으로 인식되었다.

헤르만 슐체-델리치

기독교 사회주의자 EV 닐이 초안한 '산업 및 절약 조합법'이 의회를 통과하여 세계 최초로 협동조합의 법적 토대를 제공하였으며 1862년 협동조합연맹에서 수정안이 승인되었다.

1857
조지 제이콥 홀리요크가 로치데일 개척자들의 역사를 최초로 출간하였으며 협동조합 소비자의 로치데일 모델을 확산하는 데 기여하였다. 이것은 결국 몇 개의 유럽 언어와 다양한 편집이 이루어졌다.

1859
찰스 다윈의 자연 선택에 의한 종의 기원이 출간되었으며, 인간이 다른 동물에서 진화했다고 하는 그의 암묵적 주장에 대한 논쟁의 불기둥이 생성되었다. 이후 1871년 그는 인간의 유래와 성 선택이란 책을 통해 인간의 요소를 자세하게 다루었다.

최초로 알려진 소비자협동조합은 오스트레일리아의 브리즈번에 설립되었다.

1860
맨체스터의 공정협동조합 공동체가 협동조합인을 출간하였으며, 속기 발명가의 동생인 헨리 피트먼에 의해 국가의 월간저널로 편집되었다. '윌리엄 킹'이란 동일한 이름으로 새로운 잡지가 출간되었고, 협동조합이 도매상으로 출발하는 것을 옹호하였다.

이탈리아의 루이지 루차티에 의해 신용협동조합 공동체가 조직되었다. 다시 말하면, 소비자협동조합은 곧 협동조합연맹을 형성하는 데 기폭제가 되었다.

1861
미국에서 남북전쟁이 발발하여 1865년에 종식되었다. 동맹 국가들의 봉쇄로 인해 영국의 제조업 지역에서 '목화 기근'이 발생하여 실업이 광범위하게 확산되었다. 협동조합인과 노동자들 그리고 영국 정부는 노예제도에 대한 입장이 아직 북부 지역과 같은 상태를 유지하지 못했다.

1863
영국 북부 도매협동조합(Co-operative Wholesale Society : CWS)이 설립되었다. 이것은 '협동조합의 협동조합'으로서 지역공동체 조합들이 회원으로 참여하였다. 개인 도매상들이 협동조합 공급을 거절하거나 가격을 높게 책정하여 방해를 하기 때문에 새로운 조직이 결성되었다. 새로운 CWS는 '노동과 기다림'이라는 모토를 채택하여 연대를 강화하고 미국의 노예 제도에 대한 투쟁을 전개하였다.

LABOR AND WAIT

REGISTERED TRADE MARK

로치데일의 협동조합 모델이 대부분의 국가들에게 빠르게 확산되었다. 20년 안에 350개 이상의 다른 협동조합 공동체가 나타났으며 회원은 10만 명 이상으로 증가하였다.

1864
독일에서 프레드릭 빌헬름 라이파이젠이 처음으로 농촌 신용협동조합을 설립하였다. 슐체-델리치와 함께 현대적인 소비자 신용조합 형태로서의 기반을 구축하였다. 중앙신용협동조합은 1869년에 설립되었다.

1867
영국 의회는 성인 남성에게 2배수 투표권 자격을 부여하는 두번째 개정 법안을 통과시켰다.

협동조합 보험은 협동조합들이 화재나 재산상 손실이 발생할 경우 민간 보험회사들이 취급을 거절하는 것을 지원하기 위해 설립되었다.

워싱턴 D.C에서는 미국 농민들이 협동조합과 상호공제를 조직하여 활성화하기 위한 '농민공제조합(The Grange)'이 설립되었다. 농업조직으로는 오늘날 미국에서 가장 오랫동안 존속되고 있다.

1868
영국 맨체스터에서 노동조합총연맹의 첫 총회가 개최되었다. 스코틀랜드에서 별도의 노동조합 총 연맹이 1897년에 결성되었다.

스코틀랜드의 도매업협동조합은 CWS와 유사한 연속선상에서 출발하였다.

1869
최초의 현대적인 협동조합연맹이 런던에서 결성되었으며, 오늘날에 와서도 매년 총회가 열리고 있다.

1870
영국 의회가 잉글랜드와 웨일스에서 10세 미만의 어린이를 위한 초등 교육의 국가시스템을 처음으로 실행하는 교육법을 통과시켰다. 또한 기혼 여성의 지위 향상을 위하여 아내에게 자신의 이름으로 재산을 소유할 권리를 처음으로 부여하는 '기혼녀재산법'이 최초로 통과되었다.

최초의 협동조합 총회에 따라 협동조합연맹이 형성되었으며, 협동조합을 위한 교육 자료와 법률 자문뿐만 아니라 대중에게 보다 광범위한 정보를 알리고 제공하는 국가 기관이 되었다. 이 기관은 오늘날 영국의 협동조합으로 알려져 있다.

1871
최초의 주간 신문으로, 성장 운동을 제공하는 협동조합 뉴스가 출간되기 시작했다. 이때부터 이 신문은 지속적으로 출간되어 왔다.

1872
CWS는 잉글랜드와 웨일스의 성장을 반영하는 것을 포함하여 협동조합의 금융 욕구를 충족시키기 위해 영국 북부에 투자하고 대출 및 예금부서(오늘날의 협동조합 은행의 전신)를 운영했다.

1873
CWS는 맨체스터에서 비스킷을, 레스터에서 부츠를 생산하는 협동조합으로 브랜드 제품을 생산하는 최초의 공장을 열었다.

1874
CWS는 영국 런던 지점을 설립하고 해외 최초로 뉴욕에 구매 창고를 오픈했다.

1875
미국에서 '그랜지'는 협동조합 가게의 네트워크, 곡물 엘리베이터, 은행 그리고 보험회사 설립을 위한 토대로서 로치데일의 원칙을 승인했다.

1878
영국에서 소비자협동조합 회원이 50만 명에 도달했다.

1881
SCWS가 글래스고에 셔츠 가공 공장을 최초로 오픈했다.

1882
미국의 하버드대 학생들이 서점협동조합을 설립했다. 이 협동조합은 오늘날까지도 운영되고 있다.

하버드 협동조합(1882 참조).

영국에서 노동자협동조합을 활

성화하기 위해서 생산자협동조합연합이 조직되었다.

1883
여성들의 일상적인 사회생활과 협동조합에서의 위상을 개선하기 위하여 여성 길드 협동조합을 설립했다.

1884
영국에서 성인 남성의 약 60%가 투표할 자격을 갖도록 남자의 수를 3배로 늘리는 세 번째 법이 개정되었다.

1887
캐나다에서 마니토바 입법부에 의해 처음으로 협동조합법이 통과되었다.

1890
잉글랜드와 웨일스에서 처음으로 협동조합 경영위원회 위원으로 6명의 여성이 선출되었다. 길드 여성 협동조합은 빈민구제위원을 포함한 지방정부 공무원도 여성에게 자격이 부여되도록 협동조합 조합원을 대표하는 위상이 촉진되었다.

스위스 도매상협동조합 VSK가 설립되었다.

1891
영국에서 소비자협동조합 회원이 100만 명이 되었다.

1893
독일의 생물학자 안드레아스 쉼퍼는 식물 세포의 광합성 부분이 박테리아에서 왔다는 기원설을 제안했다.

브래드퍼드에서 독립 노동당이 설립되었다. 초기에 요크셔와 랭커셔는 당의 지배가 불확실했다.

1894
'맨체스터 선박 운하'가 세계에서 가장 큰 강을 탐색하는 운하를 열었다. CWS와 다른 협동조

합에 의해 중요한 재정적 투자를 통한 'SS Pioneer(CWS 증기상선)'는 최초로 운하를 여행하였다.

독일에서는 소비자조합으로 도매상협동조합인 GEG가 설립되었다.

1895
다양한 국가들 간의 협동조합 운동을 결합하기 위하여 런던에서 국제협동조합연맹(International Co-operative Alliance : ICA)이 창립되었다. 미국과 인도, 오스트레일리아, 아르헨티나, 유럽의 9개 국가의 대표들로 총회가 구성되었다.

미국 캘리포니아 주에서 1인 1표 원칙을 포함한 협동조합법이 처음으로 통과되었으며, 다른 주들도 유사한 법률을 채택하기 시작했다.

1896
CWS가 영국 슈롭셔 주의 로덴 마을에 처음으로 농장을 구입했다. 오늘날 '협동조합'은 영국에서 가장 규모가 큰 농장 중 하나이다.

CWS가 세운 크럼샐 비스킷 공장은 바닷가 사람들에게 유일하게 노동자들이 하루 8시간 노동하는 곳으로 알려졌다.

1897
영국에서 여성 참정권 획득을 위한 캠페인이 일어났다. '전국여성참정권운동연합(National Union of Women's Suffrage Societies : NUWSS)'의 결성으로 동력이 발휘되었다.

1898
러시아에서 소비자협동조합 중앙연합인 '센트로소유즈'가 설립되었다.

1899
스웨덴에서 협동조합중앙협회와 협동조합도매상조합이 함께 10년 동안에 걸쳐 소비자생활협동조합연합회(Kooperative Forbundet : KF)를 설립했다.

1900
알폰소 데자딘에 의해 북미에서는 처음으로 퀘벡에서 레비스 신용협동조합이 설립되었으며, 1909년 퀘벡에서 100개 이상의 신용협동조합이 생겨났다.

일본에서 협동조합의 마케팅과 이용 편의성뿐만아니라 신용협동조합을 다루는 소비자 법률이 통과되었다.

1902
CWS와 SCWS 공동으로 차의 원료를 위해 실론(현재는 스리랑카)의 농장을 구입하였으며, 나중에는 인도에서도 유사한 부동산을 구입하였다.

1904
영국에서 소비자협동조합 회원이 200만 명에 달하였다.

CWS 직원들은 나이에 비례해서 제공하는 '절약기금(Thrift Fund)'을 조성하였으며, 1907년에는 직원의 기여를 보완하여 연금제도가 되었다.

인도에서 라이파이젠 스타일의 농업신용조합을 허용하는 신용협동조합법이 통과되었으며, 이 법은 대영제국에 걸쳐 다른 협동조합 입법에 영향을 주었다.

1906
영국 협동조합 선구자인 조지 홀리요크가 사망했다.

'독점거래상인연합회(Proprietary Articles Traders Association : PATA)'가 협동조합의 배당금 지불을 위한 의약품 특허 공급을 거부하였다. CWS는 PATA 회원들과의 거래를 끊고 자신들의 의약품 제조를 확장하였다.

핀란드에서 협동조합 도매업과 교육 분야가 결합하여 하나의 국가 조직인 NKL이 형성되었다.

1909
미국 뉴햄프셔 주의 맨체스터에 처음으로 신용협동조합이 설립되었다. 캐나다협동조합연합회 설립과 체코에서 협동조합도매상조합이 결성되었다.

1912
프랑스에서 소비자협동조합연맹이 창립되었다.

1913
CWS와 SCWS이 공동으로 협동조합 보험조합을 매수하고 가나의 골드코스트에 처음으로

여성협동조합협회 볼턴지부, 1907.

아프리카디폿(African Depot)을 출범했다.

미국 27대 태프트 대통령이 유럽의 협동조합과 신용조합을 연구하기 위하여 위원회를 설치하였다.

여성길드 협동조합은 어머니들에게 직접 지불되게 하는 국민출산보험 혜택의 캠페인을 성공적으로 주도하였다.

1914
8월 4일 1차 세계대전이 발발하였다.

협동조합들이 도매업을 포함한 군대 매점 경영을 시작하였다. CWS는 군대 의류와 다른 생필품 공급을 위한 국가 계약을 획득하였다. 전쟁 동안 많은 협동조합 공장들이 영국 정부에 의해 전쟁 작업으로 전환되거나 징발되었다.

영국에서 소비자협동조합 회원

도매업협동조합(CWS)의 음식 선박을 기다리는 군중들, 더블린, 1913.

이 300만 명에 달하였다.

미국에서 처음으로 비영리 전기협동조합이 설립되어 농촌 전기협동조합의 선두주자가 되었다.

1916
1차 세계대전 동안 영국 협동조합들은 회원들에게 공정한 분배를 보장하기 위해 식량 부족 상품에 대해 '설탕 카드'를 발행하기 시작했다. 많은 조합들이 1918년 정부 배급이 시작될 때까지 다른 부족한 품목들을 자발적으로 배급하는 자신들의 프로그램을 확장하였다.

미국에서 미국협동조합연맹(Cooperative League of America : CLA)이 창설되었다. 오늘날 국민협동조합사업연합회(National Cooperative Business Association : NCBA)의 전신이다.

1917
협동조합당이 창당되었으며, 군사 법정과 정부의 식품관리위원회가 협동조합의 승인 없이 1915년 조합원 배당의 초과이득세 부과와 협동조합 가게에 대한 부당한 공급으로 광범위한 불만이 뒤따랐다.

1918
영국에서 인민대표법이 통과되어 30세 이상 여성과 21세 이상 남성 모두에게 투표권을 부여하게 되었다.

국제연맹이 결성되어 정부 간 충돌을 방지하기 위한 영구적인 최초의 기구가 만들어졌다.

국제연맹 승인을 위해 ICA의 집요함이 있었지만 1922년까지 승인 권고에 대한 제한은 없었다.

협동조합 지점을 포함한 베르사이유 조약에 의거 국제노동기구(International Labour Organization : ILO)가 창설되었다.

맨체스터에 협동조합대학이 설립되어 협동조합 직원과 조합원들을 위한 훈련과 교육 및 조사연구를 제공하였다.

영국의 소비자협동조합 회원이 400만 명에 도달하였다.

1921
국제 여성길드 협동조합이 형성되었다.

메리 코트렐은 영국에서 가장 큰 사업체 중의 하나인 CWS의 첫 여성 이사로 선출되었다.

1923
ICA는 협동조합 회원들을 기념하기 위하여 처음으로 매년 7월 첫째 토요일을 국제 협동조합의 날로 지정했다.

1926
영국의 소비자협동조합 회원이 500만 명에 달하였다.

1928
영국에서 21세 이상 여성과 남성 모두에게 투표권을 부여하는 평등선거법이 가결되었다.

스페인에 국제협동조합연맹이 창립되었다.

1929
영국에서 소비자협동조합 회원이 600만 명에 달하였다.

1933
라디오 소매상들이 CWS에 라디오 배당을 적용하지 않거나 불매 운동을 요구했다. CWS는 제안을 거부하고 라디오를 도전적으로 제조하여 판매하기 시작하였다.

1934
영국에서 소비자협동조합 회원이 700만 명에 달했다. CWS와 SCWS 모두 장례사업을 제공하는 조합을 지원하는 장례부서를 개설하였다.

1936
뉴캐슬 근처 자로에서 200명의 실업자 집단이 런던을 향해 시위하면서 피폐한 도시에 대한 정부 지원을 촉구하였다.

자로 시내를 지나가는 군중들에게 많은 협동조합 조합원들이 음식과 피난처를 제공했다. 시위대가 레스터에 도달했을 때 협동조합 근로자들은 그들의 부츠를 수선하려면 한 짝에

112번을 뒤집으면서 하룻밤을 꼬박 일해야 했다.

미국의 프랭클린 루스벨트 대통령은 유럽의 협동조합 역할에 대한 또 다른 연구위원회를 설치하였다.

1937
영국에서 소비자협동조합 회원이 800만 명에 달했다.

1938
영국의 휴일급여법은 모든 풀타임 근로자에게 1주일의 연차 유급 휴가를 강제하지는 않았지만 권고되었다.

멕시코에서 처음으로 협동조합 일반법이 통과되어 소비자와 노동자협동조합을 위한 멕시코 협동조합연맹이 창설되었다.

1939
9월 3일 2차 세계대전이 시작되었다.

전쟁 발발로 인해 오스트리아, 체코슬로바키아, 독일, 이탈리아와 스페인에서 협동조합운동을 가로막거나 파괴하는 파쇼 정부가 등장했다. 독일 나치당은 협동조합기금에서 100만 독일 마르크를 훔쳐서 아돌프 히틀러의 생일에 전달하였다.

영국의 많은 협동조합 공장들이 정부에 의해 또다시 전쟁노역으로 전환되거나 징발되었

전쟁의 잔재가 채 가시지 않은 때 개최된 협동조합의회, 마게이트, 1939.

다. 예를 들면, SCWS는 실드홀에서 일급 비밀로 노르망디 상륙에 사용될 판금속 작업으로 고성능 폭탄을 생산하였다. 협동조합 지도자들은 식품과 산업 통제에 관한 충돌로 시작부터 대부분 전시위원회에 포함되었다.

1940
영국 인구의 약 23%인 1,350만 명이 배급상품을 받기 위해 협동조합에 등록했다.

1942
런던협동조합은 영국에서 처음으로 전시 실험의 일환으로 롬퍼드 지점의 일부를 전환하여 셀프서비스 쇼핑을 도입했다. 5년 후 '포트시 아일랜드 협동조합'은 영국 최초로 완전한 셀프서비스 가게가 되었다.

미국에서 '전국농촌전기협동조합연합회'가 결성되었다. 협동조합 상점들은 포로수용소의 일본계 미국인들에 의해 조직되었다.

1945
5월 7일 유럽에서 2차 세계대전이 종식되고 국제연합 대신 UN이 창설되었다.

ICA가 UN의 자문기구로서 자격을 부여받은 최초의 국제 비정부조직 가운데 하나가 되었다. 이 연맹은 오스트리아, 이탈리아, 독일 및 다른 국가 등, 협동조합이 폐쇄되었던 곳에서 협동조합 운동을 효과적으로 재건하기 위한 기금을 조성하는 노력을 선도하였다.

전쟁으로 황폐해진 유럽에 음식과 다른 구호물품을 제공하기 위해 '미국원조물자 유럽발송 협동조합(Cooperative for American Remittances to Europe : CARE)'이 설립되었다. CARE에서 식량을 원조하기 위해 보내는 '구호물자 꾸러

미(care package)'란 단어의 기원이 되었으며, 훗날 유럽 이외 지역에도 원조를 제공하게 되었다.

1948
독일에서 신용조합 100주년을 기념하기 위해 신용협동조합의 날이 만들어졌다.

1953
영국의 모든 셀프서비스 가게에서 협동조합이 대략 66%를 차지하고 있었으며, 규모가 큰 다양한 식품 매장이 약 2.5배의 양을 판매하였다.

1954
미국에서 신용협동조합 발전을 위한 전국 조직이 국제적으로 확산되어 특히 개발도상국가들에게 신용조합의 이념을 실행하게 하였다.

1955
CWS는 당시의 인기 퀴즈쇼를 묘사하여 '모습의 발견(Spot the Likeness)'이라는 캠페인과 함께 새로운 독자적인 텔레비전 네트워크(Independent Television Network : ITN)에 자사의 제품을 광고하는 최초의 기업 중 하나가 되었다.

1956
세계에서 가장 규모가 큰 노동자협동조합이 스페인에서 프랑코 독재정권에 맞서 설립되었다.

1958

1955년에 설립된 협동조합독립위원회는 증가하는 소매경쟁에 직면해 있는 협동조합운동에 대한 도전을 강조했다. 이는 독자적인 협동조합들의 많은 합병을 포함하여 일련의 개혁운동을 위한 토대를 형성하였다.

1960

아시아태평양지역 협동조합운동의 중흥을 지원하기 위하여 인도에 처음으로 ICA지역사무소가 오픈되었다.

1965

협동조합들은 다른 식품소매업체들의 상품교환 스탬프 도입에 대응하기 위해 배당 스탬프를 시작했다. CWS는 1969년에 국가 제도로 실행하였다.

1967

브라질 산토스에 헬스케어협동조합인 '유니메드'가 설립되었다. 브라질에서 개업 중인 전체 의사의 약 3분의 1을 차지하며 이제는 전국적으로 운영되고 있다.

Unimed
Brasil

1968

아프리카의 협동조합 성장을 지원하기 위한 동부 · 중부 · 남부 아프리카에 대한 ICA지역사

'연합 밀가루'를 들고 있는 CWS 노동자, 1950년대

'협동조합 홍보 캠페인의 이미지, 1960년대

MOBILE GROCERY

Come Co-operative Shopping

무소가 개소하였으며, 1975년에 서부아프리카 사무소가 개소되었다.

CWS는 협동조합 상점과 브랜드를 현대화하는 광범위한 캠페인의 일환으로 새로운 협동조합 로고를 사용하여 최초의 전국 광고 캠페인을 시작하였다.

1969

영국에서 투표 연령이 18세로 낮춰졌다.

1970

신용협동조합의 세계 협의회가 형성되었다.

린 마굴리스는 동물과 식물 세포가 진화하는 일련의 단계를 공생이론으로 주장하는 책을 출간했다. 처음에는 조롱거리였지만 이제는 교과서로 정설이 되었다.

1973

CWS와 SCWS가 합병하여 당시 영국에서 10번 째의 거대 기업이 되었다.

1974

협동조합 은행은 영국 최초로 개인 금융고객에게 무료로 당좌계정을 제공하였다.

1976

산업공동소유법이 통과되어 세기 말까지 2,000여 노동자 협동조합의 생산을 지원하는 산업공동소유운동에 마중물 자금

을 부여하게 되었다.

리처드 도킨스의 *이기적 유전자*가 출간되어 '집단 선택(group selection)'의 개념은 불합리한 논리적 모순의 수준을 과학적으로 밀어붙이는 데 성공하였다.

1978

정부는 협동조합 활동을 촉진하기 위해 '협동조합개발기관(CDA)'을 출범하였다.

1979

덴마크에서 한 가족이 55KW의 풍력 터빈을 설치하기 위한 작업이 실행되었다. 덴마크가 20년 안에 협동조합과 같은 형태로 신재생 에너지 사업 분야의 세계적인 선도자가 되었다.

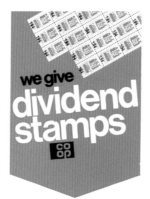

we give
dividend
stamps
co

배당 스탬프 출시(1965 참조).

1989

'아베이내셔널(Abbey National)'은 민간은행으로 전환하기 위하여 영국 최초로 주택금융조합을 주식회사로 바꾸었으며,

향후 10년간 다른 많은 금융주택조합들의 소송이 이어졌다.

리처드 도킨스의 2차 개정판 *이기적 유전자*가 출간되었다 그 당시 교과서의 정설이 된 시점에서 중심 메시지는 '마음씨 좋은 놈이 일등한다'라는 제목의 새로운 장을 소개하면서 협동조합이 어떻게 발전할 수 있는가를 설명하였다.

1990

서반구 지역의 협동조합운동을 지원하기 위해 코스타리카 산호세에 미국의 ICA 지역사무소가 설립되었다.

1992

협동조합은행이 책정한 '윤리 기준'에 근거하여 대출심사를 실시하였다.

영국의 주요 소매상들이 공정한 상품 거래를 유지하기 위하여 처음으로 협동조합을 형성했다. 이것은 2000년 영국에서 처음으로 바나나를 공정무역 재고품으로 계속해서 취급할 수 있었으며, 2008년 자체 브랜드의 온음료 사업을 최초로 공정무역으로 전환하였다.

1994

CWS는 도매 공급, 식품 소매 및 운영을 대신하는 데 초점을 맞추고 여행, 약국, 장례서비스 등과 같은 전문 소매 분야와 식품 제조사업을 통해 판매하였다.

1995

맨체스터에서 ICA 창립 100주년 기념총회에서 '협동조합 가치와 원칙'의 성명서가 채택되었다. 이것은 협동조합이 무엇을 의미하는지에 대한 국제적 용어를 정의하는 중요한 문서로 남겨졌다.

협동조합은 자체 브랜드로 생산하는 세면도구 제품에 대해

Co·operation overseas

Lead with the Co-operative Party

동물 실험을 금지하는 영국 최초의 슈퍼마켓이 되었다.

1997
CWS는 CWS의 주식회사 전환을 성공적으로 회피하기 위해 적대적 인수 시도로 자산을 판매·처분하였으며, 다음 해부터 미래 인수 시도를 방지하기 위해 조합원들의 투표권 기준을 강화하였다.

1998
협동조합은행은 '있는 그대로'의 최초 지속가능성 보고서를 만들었다. 보고서의 높은 수준은 세계 전역에 걸쳐 매년 수많은 수상을 이끌었다.

1999
CWS는 모든 식품 매장의 상품들을 공정무역으로 취급하기 위한 최초의 소매상이 되었다.

협동조합은행도 영국 최초의 완벽한 인터넷뱅킹을 시작했다.

2000
CWS와 CRS가 합병하여 '협동조합그룹' 형태가 되었다.

2002
'협동조합그룹'은 처음으로 초콜릿의 공정무역을 모두 자신의 브랜드로 전환한 소매상이었으며, 다음 해부터는 모든 것을 자신의 브랜드 커피로 하게 되었다.

'협동조합연합'과 '산업공동소유운동(International Common Ownership Movement : ICOM)'이 합병하여 '협동조합 UK' 형태가 되었다.

2006
'협동조합그룹'은 영국 전역에 배당을 재도입하고 가족기업 전체를 포함한 다양한 동일 상표 프로그램을 도입하기 시작하였다.

데이비드 슬론 윌슨과 에드워드 오 윌슨은 생물학적 시스템이란 개인 내의 유전자, 그룹 내의 개인, 인구 집단과 각 집단의 무리로 구성되는 단위의 계층 구조라고 주장하는 논문을 사이언스에 제출했다. 이것은 '다층선택이론(Multi-level selection theory)'에서 유래하였다.

리처드 도킨스의 3차 개정판 *이기적 유전자*가 출간되었다. 저자는 새로운 책의 서론에서 제목에 다른 생각을 갖고 있다는 것을 인정했다. 그는 '불멸의 유전자(The Immortal Gene)', '이타적 운반자(The Altruistic Vehicle)' 심지어 '협력적인 유전자(The Co-operative Gene)'라는 제목(이기적인 유전자가 협동할 수 있다고 전제된)을 고려할 수도 있다고 했다.

2007
'유나이티드 협동조합'은 로치데일 선구자의 직계로서 처음으로 전국적인 소매 협동조합을 만들기 위해 '협동조합 그룹'과 합병했다. 최고 경영자인 피터 마크는 효과적으로 경쟁할 수만 있다면 사업 규모의 급속한 성장이 필요했다고 선언하였다.

2008
세계 금융위기로 인해 미국 주택시장과 국제은행들이 파산했다. 영국 정부는 파산한 은행들을 공공 소유로 전환할 것을 고려했다. 위기의 절정기에 국유화된 은행은 영국 정부가 1조 파운드(1.6조 달러) 이상의 빚을 떠안게 되었다.

'협동조합 은행'은 위기 시에도 정부 지원을 필요로 하지 않으며 은행 업무 및 고객 만족도 수준도 오히려 증가하였다.

'협동조합그룹'은 슈퍼마켓 체인인 '소머필드(Somerfield)'를 인수하여 식품 소매시장의 점유율을 2배로 올리고 영국에서 다섯 번째 거대 식품소매상이 되었다.

'레디시베일기술대학'은 영국 최초로 '협동조합 신탁학교'가 되었으며 오늘날은 240개 이상이 되었다.

2009
'협동조합 은행'과 '브리타니아 주택금융조합'이 합병하였다.

'협동조합기업허브'는 영국의 협동조합 경제를 보다 견고하게 구축하고 새로운 협동조합들을 지원·자문하기 위해 설립되었다.

엘리너 오스트롬은 사람들이 자주 공유자원을 어떻게 공동협력을 통해 관리하는가를 증명해 보임으로써 노벨 경제학상을 수상하였다.

2010
'협동조합 은행'은 파이낸셜타임스에 의해 유럽에서 가장 지속가능한 은행으로 인식되었다. 이것은 2011년과 2012년에도 같은 영예를 받았다.

2011
로치데일은 국제협동조합연맹에 의해 협동조합의 세계 수도로 선언되었다.

'협동조합(The Co-operative)'은 1844년 로치데일에서 시작된 조용한 혁명이 그 어느 때보

케냐에서 공정무역 99차 협동조합을 위해 찻잎을 채취하는 모습

다 관련이 있음을 보여 주는 영국 기업 역사상 가장 급진적이며 지속가능한 프로그램인 '윤리적 계획(ethical plan)'을 시작하였다.

2012
UN이 국제 협동조합의 해로 선언하였다.

영국에서 협동조합 회원 인구가 1,300만 명을 넘어섰다.

이제 국제적으로 협동조합은 140만 개이며, 회원이 거의 10억 명으로 1억 개 이상의 일자리를 제공하고 있다.

별도의 통지가 없는 한 영국 맨체스터에 있는 '영국 협동조합 박물관'의 승인하에 모든 이미지 사용이 허용되었다.

2012 International Year of Co-operatives

실천 강령:

협동조합 성장에 도움을 주기 위해 영국 정부에 메시지를 보내다.

www.co-operative.coop/grow

베티 체상은 케리쵸 지역에서 5개 협동조합을 형성한 11,000명의 차 생산 소작농 가운데 한 명이다. 국제적으로 인류에게 거의 3분의 1의 양식을 공급하는 사람은 5억 명의 소규모 자작농이다. 세계 인구에게 계속해서 식량을 공급할 수 있도록 도와주는 좋은 경로를 제공하는 여성 대부분이 소규모 자작농이다. 우리는 이들에게 교육과 투자가 적절한 도구라는 것을 확신한다. 무엇보다 협동조합 형태를 지원할 수 있다면 이러한 모든 자원을 활용하면서 소득 증대와 공정한 가격을 확보할 수 있을 것이다.

'옥스팜'과 함께, 우리는 공정하고 지속가능한 세계를 공급하는 소규모 자작농 농민과 협동조합에 대한 지원을 확대하기 위해 보다 많은 지원을 영국 정부에 요청하고 있다.